INTRODUZIONE

Sessant'anni oggi sono un'età di mezzo, nel secolo scorso un sessantenne era considerato un vecchio.

Ora si vive più a lungo, generalmente si ha una vita più sana, si fa più attività fisica, si ha attenzione alimentare, ci si sollecita la mente con stimoli culturali.

Lo stesso rapporto tra le generazioni è cambiato : molti seniors, contrariamente ai decenni passati, nelle società occidentali condividono attività sociali e sportive con figli e nipoti.

Era impensabile nel secolo scorso vedere sessantenni fare jogging nei parchi, o settantenni fare partite di tennis o padel regolarmente, incontrarli sulle strade collinari con biciclette da corsa.

I sessantenni appartenenti alla fascia più evoluta della popolazione si stanno anche ponendo domande (specialmente in America), su come proseguire l' attività lavorativa, sia per tenere la mente attiva, che per continuare a garantirsi un buon livello economico e sociale.

Per alcuni poi, il momento in cui si deve andare in pensione non sempre è piacevole, soprattutto per chi ha avuto una vita molto attiva.

Se si considera poi che in Europa, il costo sociale relativo alle pensioni di anzianità che gli stati devono mettere a disposizione è sempre più elevato, si dovrebbe pensare ad una nuovo modo di intendere il lavoro per gli Over.

La Commissione Europea, già dal 2000, con la strategia di Lisbona, ha iniziato a riconoscere e valutare la relazione tra occupazione, sostenibilità economica e fattori demografici. Nel 2019 ha definito alcune linee guida in un documento dal titolo "Regional

Aspects of Ageing and Demographic Change" (1), dove pone attenzione all'active ageing sul lavoro, sui sistemi pensionistici, sul digitale per gli anziani e sulla telemedicina. Oltre a porre attenzione all'importanza del lavoro per i più anziani.

L'Italia, che è il secondo paese al mondo, dopo il Giappone, con la fascia di popolazione più anziana, è succube delle retoriche politiche e sindacali, che scaricano il problema dell'invecchiamento della popolazione, e del conseguente aumento dei costi pensionistici su ipotetiche generazioni future, generazioni che dovranno pagare massicci contributi per garantire un sistema di welfare che è già al collasso.

Il mainstream culturale purtroppo individua ancora gli over 60, anzi gli over 50, come persone vicine al ritiro dal lavoro, attribuendo loro anche una responsabilità conflittuale, accusandoli di non lasciare il posto lavorativo ai giovani.

Questa visione peraltro, non tiene conto del fatto che la preparazione e la cultura del lavoro sono fondamentali, soprattutto in un paese come l'Italia che ha una tendenza esponenziale alla riduzione della natalità, e avrà un aumento probabile di immigrazione di base, senza cultura lavorativa professionale.

(E' illusorio sostituire un lavoratore con 30 anni di esperienza, nelle npstre aziende tecnologicamente evolute, con l'immigrazione attuale, senza formazione. Quanto tempo serve,e a quali costi, fornire una formazione aziendale sufficiente ad un immigrato con basso livello scolastico ?)

In Italia si arriverà alla pensione a 71 anni per effetto del regime introdotto nel 1995 che adegua le prestazioni pensionistiche all'aspettativa di vita e alla crescita.

Nel nostro Paese la necessità di equilibrio tra invecchiamento della popolazione e crescita dell'occupazione sarà cruciale. Negli ultimi 20 anni, la spesa pensionistica è aumentata al 2,2% del Pil. Che l'occupazione cresca per il futuro pensionistico sarà quindi particolarmente importante. Il sistema comunque non potrà rimediare a profonde disparità tra i diversi trattamenti: per i lavoratori autonomi si prospetta un futuro con pensioni più basse del 30% rispetto a quelle di un dipendente con la stessa anzianità contributiva.

Il numero dei lavoratori autonomi in Italia, è il più alto dell'intera comunità europea. Con più di 5 milioni di lavoratori autonomi, l'Italia è il Paese europeo con il più alto numero di occupati in proprio. Si tratta di un dato forte e importante che costituisce addirittura il 21,7% dell'occupazione in Italia.

Per i lavoratori più giovani, ci sarà un livellamento al basso: le pensioni dei dipendenti subiranno pesanti penalizzazioni.

Una soluzione per integrare la pensione, quale che sia la tipologia di lavoro prestato, resta, allora, quella di aderire alla previdenza complementare. Certo non si tratta di una soluzione indolore, in quanto effettuare versamenti aggiuntivi comporta dei sacrifici notevoli, specie per un professionista, che già sopporta sulle sue spalle il carico del 100% della contribuzione.

Il sacrificio non è indifferente nemmeno per il dipendente che, nel mercato del lavoro attuale, è perennemente precario e corre il rischio di perdere l'impiego da un momento all'altro.

La vera disparità di trattamento non è tanto quella tra dipendente ed autonomo, quanto quella tra "vecchi e nuovi lavoratori", con gli ultimi che pagano con sacrificio la maggior parte delle pensioni godute dai primi (specie di chi ha goduto di regimi di particolare favore, come i cosiddetti baby pensionati).

A distanza di quasi ottant'anni (siamo nel 2023) dalla fine della Seconda guerra mondiale, e di sessanta da boom economico, dopo il Blackout sociale che abbiamo subito con la pandemia covid-19, stanno emergendo due nuove importanti tendenze sociologiche.

La prima è conosciuta come Great Resignation (grande dimissione), che è l'uscita dal lavoro tradizionalmente concepito. Quello che c'è di nuovo è che tante persone individuano la necessità di un diverso approccio alla propria vita ed ai modi e tempi che identificano il lavoro.

Si dimettono dall'azienda, con o senza un nuovo lavoro, solo perché non sono soddisfatti.

I sociologi ipotizzano che la Pandemia Covid-19 abbia agito da detonatore a un malessere latente. Il momento di difficoltà e di introspezione che tutti abbiamo avuto nel periodo di Blackout ci abbia fatto riflettere sul senso della vita.

La seconda tendenza è quella che gli americani chiamano Second Life (seconda vita) : l'approccio al momento della cosiddetta anzianità.
Nel secolo scorso essere cinquanta o sessantenni significava entrare nel ritiro dell'attività lavorativa e nell'età pensionistica. Nel mondo avanzato occidentale, in Europa, Nord America Giappone, Sud Corea, Oceania, il paradigma è completamente cambiato, l'allungamento della vita media e il benessere diffuso impone un nuovo approccio culturale.
In America ci si chiede : Sixties are the New Forties? I sessanta anni sono i nuovi 40?

◆ ◆ ◆

Great resignation, grande dimissione.

Sta succedendo qualche cosa di anomalo rispetto alla cultura tradizionale del lavoro. Il lavoro non è più centrico, in particolare nelle nuove generazioni che si affacciano al mondo lavorativo.
I valori occidentali della vita=lavoro, uomini nati per lavorare con obiettivo lavorare x produrre x guadagnare x spendere non sono più soddisfacenti.
Il termine Great resignation, inventato dallo psicologo americano Antony Klotz (2), descrive un fenomeno osservato dopo la prima ondata di Covid-19 negli Stati Uniti. La teoria è che centinaia di migliaia di persone, passate tramite l'esperienza dei lockdown, abbiano ripensato al loro modello di lavoro, alla sua qualità e al suo ruolo nelle vite di ciascuno, arrivando ad abbandonare il lavoro se ritenuto poco interessante e soddisfacente.
Molte persone, complice l'accelerazione dei lavori digitali, preferiscono lavorare autonomamente da casa, anche come freelance piuttosto che rimanere all'interno di un'azienda, luogo nel quale sono costretti a rispettare rapporti sociali, con capi a volte impreparati e legati ad una superata cultura gerarchica ossessiva e coercitiva.
Alcuni sociologi sostengono che sta cambiando il paradigma della qualità della vita : la tendenza della generazione chiamata Boomers era quello del posto sicuro, ma ora, siccome nulla è

certo, e viviamo in una società liquida (Bauman) (3), le nuove generazioni (soprattutto la generazione Z, ma anche la precedente generazione dei Millennials) non credono più al lavoro fisso, sapendo che è tutto aleatorio e quello che oggi esiste, domani chi lo sa.

In altre parole, credono che dia maggiore garanzia sviluppare una propria professionalità rispetto a cercare una occupazione fissa, che tanto molto fissa non sarà comunque.

Un indicatore di questa tendenza è l'analisi delle domande fatte sui motori di ricerca on-line nel 2021. La domanda "Come avviare un'attività ?" è stata fatta molte più volte della domanda "Come trovare un lavoro ?"

Nel 2022 si è registrato il record di dimissioni in Italia. Infatti, hanno lasciato il lavoro 1,6 milioni di persone, 300mila in più dell'anno precedente.

Si può dire che è arrivato il fenomeno Great Resignation anche in Italia?

Per la maggior parte degli under 35 non è solamente la ricerca di condizioni economiche più soddisfacenti, ma soprattutto la necessità di avere un maggiore equilibrio tra lavoro e tempo libero. Lo smart working ha fatto sì che venisse valorizzata, oltre al lavoro da casa, la gestione del tempo libero e conseguentemente l'aumento della qualità della vita. Rispetto al passato, oggi i cambiamenti del mercato del lavoro passano dalle piattaforme social. I social sono diventati centrali per diffondere notizie (vere e false) del mondo del lavoro.

Velocità di trasmissione, volume di condivisioni, quantità di informazioni trovano nelle autostrade digitali dei social dei formidabili alleati.

Con l'espressione "Quiet Quitting"(4) - lavorare il giusto e non di più - l'ingegnere americano Zaid Khan, ha coniato un'espressione che è diventata immediatamente virale. Il "manifesto" del Quiet Quitting è stato: "Il tuo valore come persona non è definito dal tuo lavoro". E' un trend comunque già presente nel mondo del lavoro da tempo, che si manifesta con la necessità di riprendere in mano il proprio tempo, la propria vita, dedicando al lavoro il tempo necessario e non di più. Una reazione spesso associata al super lavoro che, dagli anni '80 nel mondo occidentale viene richiesto ai dipendenti: la dedizione assoluta, tradotta in straordinari, disponibilità illimitata, stress lavorativo. Secondo altri studiosi il fenomeno Quiet Quitting sarebbe invece l'effetto di un cambio di mentalità legato alla pandemia e alle nuove generazioni.

La pandemia avrebbe quindi creato le condizioni per rompere un tran tran a cui ci eravamo tutti abituati, fatto di lavoro, straordinari, stress, spostamenti continui, e quindi sbilanciato eccessivamente sullo stakanovismo lavorativo, visto come un must, un dovere e una necessità.

Il lockdown ha creato le condizioni per rompere schemi usuali di comportamento, suggerendo riflessioni, valorizzando quelle parti della vita troppo spesso trascurate: famiglia, hobby, passioni, salute, relazioni sociali.   Un ulteriore fattore di cambiamento è poi rappresentato dalle nuove generazioni (conosciute come generazione Y e generazione Z), dette Digital Born, nate con la tecnologia, comunicazione social e nuove tendenze sociali. Queste generazioni son quelle che oggi si affacciano al mondo del lavoro e che sposano la filosofia della qualità della vita, dell'importanza del bilanciamento tra lavoro e vita sociale, e che rifuggono l'idea del lavoro mal pagato e del sacrificio della vita privata a vantaggio della carriera.

I sociologi americani che amano la sintesi e le sigle già chiamano i giovani di queste generazioni Yolo (in inglese You Only Live Once - si vive una volta sola) (5). L'importanza dello stare bene nella vita privata dando tempo alle proprie passioni e alle esperienze personali.   Ovvero si lavora per vivere e non si vive per lavorare.   Le nuove generazioni stanno cambiando il concetto di qualità della vita e di esigenza sociale: i giovani sono sempre più internazionali, meno legati al territorio di origine più disposti a trasferirsi in un altro paese se le condizioni lavorative e culturali sono più interessanti. Solo negli ultimi dieci anni sono emigrati più di un milione di italiani, la stragrande maggioranza dei quali giovani, con cultura superiore e laurea (più del 60%). Stiamo perdendo la gioventù migliore perchè non sappiamo offrire qualità e abbiamo svilito il merito, da una parte proponendo nei media sottoculture social dove gli eroi sono zotici ben vestiti che ottengono like per mostrare il corpo più o meno tatuato, in grado però di mettere in rima un paio di strofe, dall'altra subendo la cultura dell'accettazione incondizionata di tutto e di tutti, come valore elevato.

Molti paesi stranieri lo hanno capito ed offrono condizioni sociali e agevolazioni fiscali a a coloro che posseggono preparazione e formazione. in particolare li offrono agli esperti digitali, detti Digital Nomads, capaci di lavorare da qualsiasi parte nel mondo con internet telefono e computer, ma che prediligono paesi con poche tasse, un buon clima, e servizi per la loro generazione.

Le stesse aziende dovrebbero, per evitare dimissioni di massa, cambiare gli approcci culturali, ponendo attenzione alla qualità del lavoro, in una prospettiva concettualmente diversa. Il lavoro dovrebbe tenere maggiormente in considerazione le esigenze dei dipendenti, e vederli più in ottica collaborativa, limitando la forzatura di vecchi valori, come crescita del fatturato fine a se stessa, e con una diversa struttura aziendale, meno gerarchica in senso stretto.

E' importante che le organizzazioni capiscano perché le persone se ne vanno. Un recente rapporto McKinsey (6) segnala che c'è un gap tra le motivazioni reali che spingono le persone a cambiare e quelle che credono che siano i loro datori di lavoro.

I primi tre fattori citati dai dipendenti sono : il non sentirsi apprezzati dalle loro organizzazioni (54%), dai loro manager (52%), il non sentire un senso di appartenenza al lavoro (51%).

Le Aziende invece, ritengono che i dipendenti si licenzino soprattutto per la retribuzione, lo scarso equilibrio tra lavoro e vita privata e la non attenzione alla salute fisica ed emotiva (problemi che sono comunque stati indicati dai dipendenti, ma non con lo stesso peso che gli attribuiscono i datori di lavoro).

E' strategico che le esigenze delle persone siano al centro : la valorizzazione e il riconoscimento dei meriti individuali, la presenza partecipativa di ognuno nei team, la fiducia nelle capacità, la responsabilizzazione rispetto agli obiettivi di business , la formazione continua.

◆ ◆ ◆

Second Life.

"La longevità è la lunghezza e la qualità della durata della vita, indipendente dal processo biologico di invecchiamento. Mentre la longevità è cronologica, l'invecchiamento è completamente biologico ed è un fenomeno naturale. È il processo di progressivo declino della capacità di mantenere la funzione biochimica e fisiologica". - Susan Golden (7)

Il ritmo dell'invecchiamento della popolazione è molto più rapido rispetto al passato, ed è stato analizzato dalla WTO (World Health Organization, 4 Ottobre 21) che segnala :

- nel 2050, la proporzione della popolazione mondiale con più di 60 anni quasi raddoppierà, passando dal 12% al 22%.

- nel 2020 il numero di persone di età pari o superiore a 60 anni ha superato il numero dei bambini di età inferiore ai 5 anni.

- Entro il 2030, 1 persona su 6 nel mondo avrà 60 anni o più. In questo momento la quota della popolazione di età pari o superiore a 60 anni aumenterà da 1 miliardo nel 2020 a 1,4 miliardi.

- Il numero di persone di età pari o superiore a 80 anni dovrebbe triplicare tra il 2020 e il 2050 per raggiungere i 426 milioni."

A livello planetario, l'aspettativa di vita media umana sta aumentando di circa cinque ore al giorno, il che si traduce in tre mesi aggiuntivi ogni anno.   Le società occidentali stanno cambiando velocemente ed inesorabilmente, e non ci saranno più garanzie lavorative per alcuno. I paesi più evoluti hanno previsto una forma di ausilio a tutti i propri cittadini, che consenta loro di vivere anche in momenti difficili (un reddito minimo garantito), condizionato alla crescita professionale attraverso corsi formativi.   Negli ultimi 10 anni hanno chiuso molte aziende e molte sono in procinto di farlo, e probabilmente in futuro, solo i preti ed i dipendenti pubblici potranno stare tranquilli. Tutti gli altri lavori sono a rischio, mentre è praticamente certa la scomparsa di professioni come quella dell' agente di commercio o le piccole attività commerciali, sostituite da grandi superfici e dalla vendita online (negli USA già il 55% degli acquisti sono online).

Ovviamente nasceranno nuove professioni, a forte contenuto tecnologico. Il problema sarà la la velocità del cambiamento, che lascerà spiazzate molte categorie di persone, in particolare quelle con più anni alle spalle.

Sostiene un'analisi dell'Economist (8), che è necessario studiare per tutta la vita (all life learning). In Italia ciò sarà ancora più decisivo. (La percentuale di adulti che in Italia partecipano a momenti di formazione è la metà di quello che si registra in Francia o nel Regno Unito, questa è una scelta politica e in questo abbiamo latitato negli ultimi anni).

L'Ocse, l'Organizzazione per la cooperazione e lo sviluppo economico, (9) ha stimato che l'Italia è il Paese dell'Europa dove l'età pensionabile aumenterà di più nei prossimi anni: si passerà da una media di 61 anni a una di 71, con un aumento di ben 9 anni. Il report dell'Ocse *Pensions at a glance 2021* stima inoltre che mediamente in Europa l'età pensionabile verrà aumentata di oltre 2 anni nel prossimo futuro. A essere colpite soprattutto le generazioni più giovani e in particolare quelle che entreranno al lavoro in questi anni.

I giovani quindi, una volta giunto il momento, andranno pensione più tardi e remunerazioni scarse.

In sintesi quindi, per diverse ragioni, da una parte l'aumento della durata media della vita e del numero di persone che avranno accesso ad una pensione di anzianità, dall'altra per una valanga di scelte scellerate ed errori fatti in passato (pensioni retributive e baby pensionati), poi per l'aumento costante del costo della vita accadrà che la disponibilità di risorse nelle mani delle persone e il conseguente potere d'acquisto saranno percentualmente molto inferiori a quelle di alcuni anni fa.

Ne consegue che , per piacere o per forza, molti neopensionati, per mantenere lo stesso tenore di vita che avevano precedentemente, e non sono stati beneficiati da elargizioni pubbliche, potrebbero trovarsi spiazzati in un sistema ingiusto, e necessitare di un ulteriore introito, allungando la vita lavorativa.Sarà però necessaria di una rete di professionisti in grado di offrire consulenza personalizzata alle persone che hanno bisogno di esplorare nuove forme di attività per poter avere una vita migliore, dato che i paradigmi pensionistici utilizzati per molto tempo non funzioneranno più.

In questo periodo non sono pochi coloro che si trovano costretti a cercare un lavoro che, sempre di più gli viene negato. Molti Over 50 sono stati estromessi dalla crisi dal mercato del lavoro, e passano il proprio tempo ad inviare curriculum o a spulciare gli annunci sul web.   Il mondo attuale è un mondo molto diverso da quello che pensavo potesse essere solo venti anni fa.   La reinvenzione della carriera, quindi, è davvero un imperativo per chiunque abbia qualche incertezza sulla propria salute finanziaria, emotiva e fisica a lungo termine. Spostare la consapevolezza dal dipendere dal mondo esterno al fare affidamento su ispirazione e conoscenza interiore.   Nella generazione precedente si poteva vivere tutta la vita con un diploma di scuola superiore, come impiegato, o, avendo una laurea, come professionisti : avvocati, dottori e commercialisti.   Tutto sommato era semplice: approfondire l'istruzione nell' adolescenza e a vent'anni, navigare fino alla pensione.
Non è più così che funziona purtroppo. In questa fase storica le Aziende ricoprono posizioni di livello base con ragazzi che hanno alle spalle più anni di istruzione e formazione specifica del settore e nel muovo mondo digitale l'apprendimento di nuove competenze è fondamentale.Bisogna creare cose nuove, adottare nuove idee e creare valore. Che può assumere molte forme: produttività, proprietà intellettuale, redditività, innovazione, servizio, creatività.
I neurologi sostengono che le persone anziane hanno il pensiero essenziale: la capacità di arrivare rapidamente al cuore di un argomento. Inoltre, invecchiando, sviluppiamo una maggiore capacità di empatia.

Negli USA Marc Freedman e la sua organizzazione no profit Encore (10) hanno costruito un'organizzazione e un movimento attorno all'idea di una seconda carriera. Che combini aspiranti imprenditori sociali (oltre i sessant'anni di età) con opportunità lavorative.   Volenti o nolenti dobbiamo ripensare a un

diverso modo di intendere il lavoro senior.
Per amore o per forza.   Per amore perchè c'è chi desidera proseguire avendo una vita attiva e dinamica, sia fisicamente che culturalmente. Per forza perchè il sistema di welfare occidentale a breve non sarà più sostenibile, e ci potrebbero essere tagli alle contribuzioni pensionistiche.   Una revisione del concetto culturale del lavoro dei Senior è imperativa non solo in Italia ma in tutto il mondo evoluto. Stiamo assistendo in questi giorni agli scontri in Francia per l'alzamento dell'età pensionistica, voluta dal governo per fronteggiare i costi sociali dovuti all'allungamento della vita media. Con la tradizionale retorica delle frange politiche avverse contrarie.

Che cosa potrebbero fare quindi gli Over ?
Forse lavori diversi, più digitali e meno impattanti a livello fisico, o lavori più di competenza ed insegnamento. Ripensando anche al tempo libero, quindi lavori ad orario ridotto.

◆ ◆ ◆

Un Cambio socioculturale

Una cosa è certa nel nostro nuovo millennio : non ci sono più garanzie certe di avere un lavoro a tempo illimitato.   La velocità a cui sta evolvendo il mondo, dovuto all'accelerata dello sviluppo digitale, sta cambiando repentinamente il concetto di lavoro.   Beni che ci sembravano fondamentali non lo saranno più, ed anche gli stessi beni che esisteranno anche in futuro, come l'automobile, avranno trasformazioni complete, passando ad esempio dal funzionamento con motori termici a quello con motori elettrici.   Aziende nuove, con concetti innovativi nasceranno, e prenderanno il posto di aziende mentalmente vecchie che non sono in grado di gestire il cambimento.   Il turnover delle aziende sarà sempre più rapido : si pensi che oggi (2023), tra le dieci aziende con maggior fatturato a livello mondiale, otto hanno meno di quindici anni di vita. Di conseguenza il lavoro si sposterà rapidamente da un'azienda ad un'altra, startup innovative in crescita esponenziale, contro dinosauri in affanno (si pensi ad esempio al sistema bancario, si stanno chiudendo sportelli fisici a scapito di sportelli virtuali....)

L'indagine sviluppata a livello mondiale dal World Economic Forum (Maggio 2023) (11), ha evidenziato macrotendenze e tendenze tecnologiche, il loro impatto sui posti di lavoro, il loro impatto sulle competenze e le strategie di trasformazione della forza lavoro che le aziende intendono utilizzare, nel periodo 2023-2027, avendo analizzato Aziende di 45 economie mondiali e 27 distretti industriali.

Ne risulta che l'adozione della tecnologia rimarrà un fattore chiave della trasformazione aziendale nei prossimi cinque anni. Oltre l'85% delle organizzazioni intervistate identifica la maggiore adozione di tecnologie nuove e di frontiera e l'ampliamento dell'accesso digitale come le tendenze che più probabilmente guideranno la trasformazione nella loro organizzazione. Il maggior impatto sto avranno le tendenze macroeconomiche: l'aumento del costo della vita e la lenta crescita economica.

Tra i macrotrend elencati, le imprese prevedono che il più forte effetto netto di creazione di posti di lavoro sarà guidato da investimenti che facilitano la transizione verde delle imprese.

Le piattaforme e le app digitali sono le tecnologie che con maggiore probabilità saranno adottate dalle organizzazioni intervistate, con l'86% delle aziende che prevede di incorporarle nelle proprie operazioni nei prossimi cinque anni. Si prevede che l'e-commerce e il commercio digitale saranno adottati dal 75% delle imprese. La tecnologia al secondo posto comprende le tecnologie per l'istruzione e la forza lavoro, con l'81% delle aziende che intende adottare queste tecnologie entro il 2027.

L'analisi dei big data, le tecnologie per la gestione dei cambiamenti climatici e dell'ambiente, la crittografia e la sicurezza informatica dovrebbero essere i principali motori della crescita occupazionale.

Le Aziende prevedono un tasso di abbandono strutturale del mercato del lavoro pari al 23% dei posti di lavoro nei prossimi cinque anni.

La maggior parte dei ruoli in crescita sono legati alla tecnologia.

Gli specialisti di intelligenza artificiale e machine learning sono in cima alla lista, seguiti da specialisti di sostenibilità, analisti di business intelligence e analisti della sicurezza delle informazioni. La maggior parte dei ruoli in declino sono impiegatizi o di segreteria, con cassieri di banca e impiegati dei servizi postali, addetti alla biglietteria e addetti all'inserimento dati.   Si prevede una crescita occupazionale su larga scala nei settori dell'istruzione, dell'agricoltura e del commercio digitale.   Il pensiero analitico e il pensiero creativo rimangono le competenze più importanti per i lavoratori nel 2023. davanti ad abilità di autoefficacia: resilienza, flessibilità e agilità; motivazione e consapevolezza di sé; curiosità e apprendimento permanente, oltre a competenze sociali, come empatia e ascolto attivo.

◆ ◆ ◆

Il grande sociologo Zygmunt Bauman, recentemente scomparso, ha elaborato il concetto di "società liquida".(3) La modernità liquida, è "la convinzione che ilcambiamento è l'unica cosa permanente e che l'incertezza è l'unica certezza".Bauman ha avuto una fama internazionale grazie ai suoi studi riguardanti la globalizzazione.
Per lui la globalizzazione ha creato problemi alla coesione sociale su scala locale, ed il lavoro è sempre più mobile e fattibile in ogni luogo.
E' in atto il passaggio dalla modernità del secolo scorso, che aveva come valore una "società solida" basata sul lavoro a tempo illimitato, alla postmodernità, la "società liquida" dove è tutto aleatorio e che conseguentemente si porta dietro grandi implicazioni etiche.
Mentre nel secolo scorso, infatti, tutto era concepito come una solida costruzione, oggi ogni aspetto della vita può venir rimodellato artificialmente. Nulla ha contorni nitidi, definiti e fissati chiaramente.   Sociologicamente l'essere umano nel secolo scorso si costruiva un'identità lavorativa

e la stabilizzava.   Ma ora, che il progresso tecnologico ha reso inutile il lavoro di massa e la produzione si realizza con impiego di macchine automatiche gestite da software evoluti, l'essere umano vive con incertezza del futuro.   Ne consegue che l'unica certezza e l'incertezza, ed ognuno deve fare affidamento sulle proprie forze per garantirselo.

La trasformazione da produttori a consumatori degli umani - sostiene Bauman - ha creato l'incertezza che attanaglia la società moderna. Questa trasformazione è sinonimo di disagio. L'uomo medio, nella vita liquida, cerca di standardizzarsi agli schemi comuni, ma si sente frustrato se non riesce a sentirsi come gli altri, cioè non sentirsi accettato nel ruolo di consumatore. In una società che vive per il consumo, tutto si trasforma in merce, incluso l'essere umano.

E' venuto a mancare all'uomo il senso d'identità, disorientandone la vita.

CAPITOLO UNO
CREDERCI

Dentro di te c'è già il meglio. Sei più forte, intelligente, capace di quanto gli altri possano solo lontanamente immaginare. (Fabio Tartarini)

L'attore 29enne era al verde e la sua carriera era al capolinea, nemmeno un piccola parte in una serie televisiva o film minori, scartato a tutte le audizioni. Non poteva permettersi di pagare l'affitto del suo piccolo appartamento a Hollywood, e provò persino a vendere il suo cane perché non aveva abbastanza soldi per comprargli il cibo.

Un giorno stava guardando in televisione il campione del mondo dei pesi massimi in carica Muhammad Ali che affrontava Chuck Wepner, un pugile di club sconosciuto, per il titolo mondiale dei pesi massimi.

Secondo logica il match sarebbe dovuto finire rapidamente con una vittoria facile per Ali. Ma sfidando ogni previsione, Wepner resistette per 15 round prima di essere sconfitto da uno dei più grandi pugili di tutti i tempi.

L'attore, ispirato da questo trionfo della volontà, della forza interiore e dello spirito umano, rappresentati dalla forza di carattere di Wepner, che contro ogni previsione resistette indomito ai colpi del campione del mondo, decise di scrivere una sceneggiatura, creando un personaggio che prima o poi avrebbe voluto interpretare. Finì la sceneggiatura in soli tre giorni e mezzo.

Un giorno, scartato dall'ennesima audizione, prima di andarsene citò la sua sceneggiatura ai produttori presenti, che, incuriositi dalla premessa, la lessero. A loro piacque e gli offrirono 25.000 dollari per acquistarne i diritti. Ma ad una condizione: volevano un attore famoso per interpretare il ruolo principale.
Il nostro giovane attore nonostante fosse squattrinato, rifiutò. Aveva scritto la sceneggiatura per poter interpretare la parte del protagonista. I produttori aumentarono l'offerta. A 100.000 dollari, poi a 250.000. Niente.

Erano logicamente incerti sul risultato e quindi volevano una grande star per interpretare il protagonista, ma l'attore credeva alla morale della storia raccontata nella sceneggiatura, che di fatto era l'importanza di inseguire i propri sogni e avere fiducia in se stessi.

Alla fine gli misero a disposizione un budget bassissimo e lo accettarono come protagonista. Il film fu girato in 28 giorni con 1 milione di dollari. Per risparmiare, l'attore fece persino recitare diversi membri della famiglia, tra cui suo padre, suo fratello e sua moglie, e persino il suo cane, Butkus.
Il film superò tutte le aspettative, continuando a guadagnare milioni in tutto il mondo e vincendo tre Oscar nel 1977, incluso quello per il miglior film. Il film era Rocky e l'attore era un giovane Sylvester Stallone.

La maggior parte delle persone al posto di Stallone avrebbe ceduto il ruolo a un altro attore e avrebbe semplicemente venduto la sceneggiatura.   Ma Stallone voleva fare l'attore. Con il suo principio guida a lungo termine chiaro, la decisione è stata semplice. Non aveva intenzione di buttare via l'opportunità di recitare in un potenziale film di successo, interpretando un ruolo che si era costruito, anche se ciò significava abbandonare un affare redditizio. (Ozan Varol) (1)

Se metti un seme a testa in giù nel terreno, la pianta che germoglia si raddrizzerà da sola. Le radici sanno quale direzione devono prendere per crescere e si gireranno finché non troveranno la strada. A differenza delle piante invece, la maggior parte delle persone che sanno di essere indirizzate nella direzione sbagliata continueranno a seguire quella direzione, semplicemente perché è quello che hanno sempre fatto. Vivendo una vita fuori allineamento con quello che sono.

Cosa voglio dalla mia vita? Cosa voglio veramente?

Decidere cosa vuoi può essere incredibilmente difficile, in particolare se hai passato la vita, come la maggior parte di noi, ad andare d'accordo con ciò che gli altri vogliono per te o a inseguire ciò che ti è stato detto che dovresti desiderare.

Cosa trovi interessante?

Segui la tua curiosità. Le cose che stuzzicano la tua curiosità non sono casuali. Ti indicheranno dove devi andare. Non importa quanto sia alla moda, ma solo quanto ti interessa. Inseguire ciò che vuoi non è un peso per il mondo. È un faro. Quando brilli, aiuti gli altri a brillare.

Perché sei qui? Se fossi sdraiato sul letto di morte, cosa ti pentiresti di non aver fatto?

Lo scopo della tua vita è spesso collegato ai tuoi primi principi. Inseguire la tua curiosità ti cambierà, in una diversa direzione dal percorso che hai seguito sinora. Se non decidi i tuoi principi guida, lascerai cheil bisogno odieno apparente elimini ciò che è importante.

Molti di noi trascorrono la vita inseguendo un'idea di successo, un'idea che è però stata creata da qualcun altro. Diamo credito a chi non ha voce in capitolo, cercando approvazione e riconoscimento da altri.

E se il successo che ora abbiamo non corrisponde alla nostra felicità?

Goditi il viaggio in questa vita. Finché ti godi il viaggio e fintanto chefai qualcosa che ami, a chi importa se non raggiungi la tua destinazione?   Hai già vinto.

◆ ◆ ◆

"Ognuno attraversa grandi turbamenti nella propria vita", afferma Joanne Lipman (2) - Di solito, è un processo individuale. Quello che è successo tre anni fa è che abbiamo subito uno shock per il sistema, provocando allo stesso tempo un ripensamento collettivo. Bisogna iniziare a muoversi in una direzione diversa. Quelli con cui ho parlato che si sono trasformati con successo hanno iniziato a muoversi prima di rendersi conto che si stavano muovendo". In altre parole, le lezioni ed i corsi che segui extralavoro per interesse o il lavoro di beneficenza potrebbero inconsciamente indirizzarti verso la vera passione.
Un coach o un mentore che porta una prospettiva completamente diversa può portare chiarezza o evidenziare qualcosa che siamo troppo vicini per vedere noi stessi.
Quando sei veramente bravo in qualcosa e ti viene facile, sei portato a scartarne l'importanza o la commerciabilità".

Spesso è il cervello che ha solo bisogno di un po' di tempo libero per mettere insieme le conoscenze in modo nuovo e originale.
E' importante prendersi tempo e focalizzare.

Siamo invasi da informazioni, tutte presentate in modo piacevole, anche se la maggior parte non hanno alcun minimo interesse per noi. La nostra mente riceve quotidianamente un sovraccarico informativo, "overloading information" che è stato coniato da Bertram Gross (3), professore di scienze politiche, nel 1964 e successivamente da Alvin Toffler (4): la quantità di input che supera la capacità di elaborazione di un sistema.

O più pittorescamente si usa il termine di infobesità: troppi input per essere elaborati correttamente dal nostro cervello. Siamo capaci di processare un massimo di 120 bit di informazione al secondo.

Nel 2008, uno studio condotto dall'Università della California, segnalava che eravamo esposti ad una media di 34 gigabyte al giorno: verosimilmente ora la quantità potrebbe essere triplicata.

Può essere difficile allontanarsi da questo flusso infinito e continuo di conoscenze, anche quando in realtà ciò che leggiamo non ci interessa. Può essere complicato cercare di discriminare tra una notizia vera e una notizia falsa. Le persone dipendenti dai social, fanno fatica a capire se quello che stanno leggendo è reale o no.

Non c'è tempo per fare tutto, bisogna crearsi una chiara visione di ciò che è possibile realizzare. e canalizzare le energie e le risorse, prevenendo le distrazioni.

Dice Massimo Polidoro (5): " Pensiamo di essere multitasker perchè saltiamo da una mail a un messaggio su WhatsApp mentre parliamo al telefono con un amico, ma in realtà stiamo costringendo il nostro cervello a passare in continuazione da un pensiero a un altro, affaticandolo inutilmente e costringendolo a bruciare le nostre riserve di glucosio.

Ogni volta che ci troviamo a passare da un compito all'altro, dopo essere stati magari interrotti da una notifica sul cellulare, il nostro cervello deve impiegare tempo e risorse per interrompere il compito che aveva iniziato, cominciarne uno nuovo, portarlo a termine e poi riprendere il compito precedente.

- Dove ero rimasto?", "Che cosa stavo dicendo? - diciamo quando riprendiamo un discorso lasciato a metà. Si calcola che una persona che viene interrotta impieghi il 50 % di tempo in più per portare a termine un compito e commetta fino al 50 % di errori in più.

Il nostro cervello ha capacità straordinarie di ricevere, valutare e analizzare le informazioni, ma ha anche dei limiti. Può non essere facile, per esempio, distinguere tra ciò che è importante e ciò che è perfettamente inutile, superficiale o, peggio, fuorviante. Farlo richiede uno sforzo di concentrazione e non sempre è sufficiente. Qualsiasi sforzo mentale, poi, non è gratuito, ha un prezzo: i neuroni sono cellule viventi, con un proprio metabolismo, hanno cioè bisogno di ossigeno e glucosio per sopravvivere, e quando lavorano troppo si affaticano e, di conseguenza, ci sentiamo stanchi o con la mente appannata".

◆ ◆ ◆

"Immagina di essere fuori in una giornata di sole. Pensa a te stesso come a una meridiana. Al mattino, al sorgere del sole, proietti una lunga ombra in una direzione. Man mano che la mattina continua, la tua ombra diventa sempre più corta, finché, a mezzogiorno, non proietti alcuna ombra, con il sole che è direttamente sopra di te.
Se l'ombra è il punto di riferimento per la nostra identità, man mano che ci avviciniamo alla mezza età, quel punto di riferimento diventa sempre più corto fino a quando perdiamo completamente il senso di chi siamo quando l'ombra scompare".

Questa metafora di Carl Jung (6) si riferisce alle crisi e alle incertezze della vita, quando le aspettative che abbiamo, spesso dovute alla nostra educazione, vengono messe alla prova e a volte si rivelano diverse da come ci aspettavamo. I successi possono non gratificarci ed i fallimenti possono innescare crisi.

"Nel pomeriggio della vita comincia ad accadere qualcosa di nuovo. Proprio nel momento in cui abbiamo perso ogni senso di noi stessi, tutti i segnali o punti di riferimento per chi siamo e cosa dovremmo effettivamente fare con le nostre vite, ricominciamo a proiettare un'ombra. La differenza fondamentale è che l'ombra si sta allungando lontano da noi in una direzione diversa, opposta a quella che ha preso durante la mattinata."

Se siamo disposti ad accettare possibilità diverse da quelle alle quali ci siamo affezionati, l'ombra che si allunga nella direzione opposta sarà una nuova rinascita.

La seconda metà della vita non è un processo di riduzione, è un processo di espansione.

◆ ◆ ◆

LAVORARE DIVERSAMENTE

In questo nuovo secolo, il lavoro sta diventando più indipendente, autonomo ed auto imprenditoriale. Tutti i sondaggi stimano che almeno il 50 percento del lavoro sarà svolto su base freelance entro i prossimi vent'anni.

Il sessantenne di oggi potrebbe ragionevolmente pianificare di lavorare almeno part time per altri 15 anni, calcola Marc Freedman, (7), CEO di Encore, un'organizzazione no profit che promuove il miglioramento della seconda parte della vita.
"Ciò cambia l'intera equazione su cosa vuoi fare, cosa è possibile fare e se vale la pena investire in anticipo su un'istruzione aggiuntiva", afferma.
A condizione che ti piaccia quello che stai facendo. Continuare a lavorare aiuta le persone a sentirsi più rilevanti, necessarie e meno isolate.
Oltre a darci un significato, il lavoro mantiene i nostri cervelli agili e i nostri corpi sani: il lavoro tende a mantenere le persone fisicamente attive, socialmente connesse e mentalmente attente".

Il lavoro può anche aiutare a prevenire la demenza. Un ampio studio di INSERM (8) su quasi mezzo milione di lavoratori in Francia suggerisce che ritardare il pensionamento significa che le persone potrebbero essere meno a rischio di sviluppare la demenza, compreso il morbo di Alzheimer.

In studi sulla produttività dei lavoratori senior in una fabbrica di autocarri Mercedes-Benz e in una grande compagnia di assicurazioni tedesca, l'economista Axel Borsch-Supan ed i colleghi del Centro per l'economia dell'invecchiamento di Monaco (9), hanno scoperto che i lavoratori più anziani erano produttivi quanto i loro coetanei più giovani, quando viene loro offerta varietà o formazione nel loro lavoro.

Lavorare più a lungo è meglio per i dipendenti, si scopre che è anche meglio per le Aziende. I lavoratori over 50 anni sono più fedeli e affidabili oltre al knowhow lavorativo e all'esperienza di vita, che spesso porta anche soft skills, come l'intelligenza emotiva. E il minore turnover del personale avvantaggia perchè assumere e formare un nuovo dipendente costa parecchio.

Secondo gli economisti di Harvard Claudia Goldin e Lawrence Katz, (10), i baby boomer sono anche più istruiti delle precedenti generazioni di lavoratori più anziani, il che li rende molto più in grado di competere per le posizioni.   "Dal mio lavoro con Katz, troviamo un forte aumento dell'occupazione tra le donne più istruite di età superiore ai cinquantacinque anni e per coloro che svolgono occupazioni manageriali e professionali, anche se la loro sicurezza finanziaria sembra essere ragionevole.   I livelli più elevati di occupazione per le donne di età superiore ai cinquantacinque anni sembrano essere tra coloro che sono più sane e le cui occupazioni sono più gratificanti e meno faticose dal punto di vista fisico"

Diminuendo i lavori di produzione, fisicamente stressanti, ci sono più lavori in cui utilizzare le capacità mentali e sfruttare conoscenza ed esperienza.   Molti senior inoltre non sono alla ricerca di posizioni dirigenziali in prima linea, stressanti e ben pagate. Per loro lo stipendio non è un problema, ma prediligono la ricerca di orari flessibili e autonomia.
Un sano equilibrio tra lavoro e vita privata: tre persone su cinque interessate a una seconda carriera di mezza età affermano che è molto importante che il lavoro lasci tempo libero per le cose che desiderano fare, come viaggiare, studiare o impegnarsi in altre attività che amano.(Encore.org.)

Opportunità di interagire con gli altri e rimanere produttivi: un sondaggio del Pew Research Center (11) ha rilevato che lavorare per motivi non finanziari, come il piacere del lavoro o il desiderio di essere produttivi, aumenta con l'età.

In uno studio di Human Interest(12) , quasi il 70% dei partecipanti ha affermato che il pensionamento dovrebbe essere

una transizione graduale dal lavoro a tempo pieno."
Quindi pare che la maggior parte degli Over voglia continuare a lavorare tenendo la mente attiva, ma ad orario ridotto e con autonomia, per lasciar spazio ad interessi che erano stati chiusi in un cassetto per tutta la vita precedente.

Ti sarà capitato di andare in un vivaio, dove sono esposti vasi con tutti i tipi di piante, fiori e giovani alberi. A volte entra un cliente che acquista un vaso con un piccolo albero da frutta, per il proprio giardino. Ogni giorno lo innaffia, lo cura, lo concima. In inverno lo copre per ripararlo dalle possibili gelate. L'albero cresce forte e sano, e dopo alcuni anni, ricambia con meravigliosi frutti.
Nello stesso vivaio, di fianco al piccolo albero, ce n'è un altro identico. Identico, con la stessa voglia di crescere. Purtroppo il cliente che lo compra vive vicino ad uno scarico industriale, e lo pianta solo per togliersi dalla vista la fabbrica. Il piccolo albero, non curato, non nutrito, con scarsa acqua e senza nessuna attenzione e cura, non cresce e non produce frutti. Il cliente lo estirpa e lo getta via.

Chi è veramente responsabile della non crescita ? E' l'albero o l'ambiente in cui vive ?
Noi non siamo responsabili dell'ambiente in cui nasciamo.

Quando sei bambino sei una spugna, assorbi tutto quello che vedi e che ti viene detto. Se sei nato in un bell'ambiente, hai una famiglia che ti segue, che ti appoggia, che ti ama, che ti aiuta, che ti incoraggia, giorno dopo giorno, mese dopo mese, anno dopo anno, cresci la fiducia in te stesso, con la gioia di vivere.
Se sei nato in un ambiente malato, dove ti insultano di dicono che sei incapace, ti dicono che sei cattivo, ti umiliano e ti picchiano, giorno dopo giorno, mese dopo mese, anno dopo anno, assorbi spazzatura.

Ma dentro di te, ti assicuro, c'è tutto il buono originario, hai il DNA della crescita migliore.

Devi solo pulire la spugna, farla scorrere sotto una fonte di acqua pulita (lo so che non è facile, ma bisogna iniziare). Puoi purificarti dentro. Credi in te stesso. Chi ti fatto male, non era in grado di capire.

Accettati senza giudicarti. Amati. Abbi stima di te stesso. Non sei giusto o sbagliato, bello o brutto, un fallito o una persona di successo. Non credere a chi ti dice che sei egoista, è solo l'amore per te stesso che ti fa essere felice . E tu sei la cosa più importante che hai sulla terra.

L'ambiente circostante ha un impatto sulla tua capacità di credere in te stesso e quindi seleziona le persone che frequenti. Anche la famiglia. Evita chi è negativo con te.
Il primo passo per credere in se stessi è interiore, il secondo è esteriore: circondati di persone che ti incoraggino a credere in te stesso e ti verrà molto più facile.

La vita non dev'essere una guerra continua.
Hai una sola vita e non puoi essere il perfetto figlio, il perfetto partner, il perfetto uomo se per farlo rinunci completamente alla tua natura.

Devi solo essere la miglior versione di te stesso.

Se tante persone si sentono inadatte, "fuori posto", confuse e infelici è perché nessuno ha insegnato loro a credere in se stesse. L'amore per se stessi, necessario per diventare adulti in grado di affrontare la vita con decisione e serenità, è un processo che si assorbe nella vita.
Spesso non lo fa la famiglia, raramente lo fa la scuola, il(cui unico scopo sembra essere quello di giudicare in base alla capacità di memorizzare i concetti e non alla capacità di comprenderli. La nostra società produce ansie, preoccupazioni e il sentimento di non essere mai abbastanza.
Abbiamo tutti la necessità di credere in qualcosa: c'è chi crede in Dio, chi crede nella politica, nella fortuna, in generale nella speranza che qualcuno o qualcosa possa cambiare la nostra situazione da un giorno all'altro. Meglio forse imparare a credere

in se stessi ......

CAPITOLO DUE
LAVORO NELLA SECONDA VITA (MA ANCHE NELLA PRIMA….)

Quando l'allievo è pronto, il maestro appare.
(Proverbio Zen)

Questo capitolo si occupa del Lavoro nella seconda parte della propria vita, perché è il lavoro che si farà basandosi sulla propria esperienza reale, sul proprio know how, sulle soft skills, sul piacere e sulla propria passione.

Non è certamente facile per chi nella vita non ha mai svolto una attività in proprio cambiare il chip mentale e iniziare a prevedere un nuovo approccio al lavoro. Ma non è neanche impossibile. Bisogna partire con umiltà, e non aver paura a mettersi in gioco. Perché, alla fine di tutto, quello che conta di più, nella ricerca del lavoro nella seconda parte della vita, è fare qualcosa che si ama. Non ha importanza se nella prima parte della vita si era un manager di successo internazionale, un dirigente di azienda, un funzionario aziendale, un agente di commercio o un tecnico, quello che importa nella seconda è fare qualcosa che dia piacere. La storia è piena di ex imprenditori che hanno aperto un ristorante, di direttori generali che sviluppano programmi web, di agenti di commercio che riparano biciclette ed organizzano gare amatoriali, e funzionari che si occupano di sociale.

Quello che importa veramente è guardarsi allo specchio, scriversi una lista delle possibilità, valutare i pro e i contro, iniziare in piccolo, solo per il gusto, senza l'ansia di dover dimostrare qualcosa. Se si fa ciò che si ama, i risultati arriveranno.

La vita si è allungata, ci sono sessantenni che sembrano quarantenni, sia come forma fisica e ancor più come forma mentis. In America si dice che "sixty is the new forty" Sessanta è il nuovo quaranta. In effetti i progressi fatti nel dopoguerra nella medicina e nell'attenzione alla vita sana ha certamente aumentato la durata della vita e il benessere.

Si sta sviluppando una nuova mentalità riguardo l'invecchiamento, un nuovo modo di pensare a soluzioni che possano aiutare a vivere meglio man mano che si invecchia. Sempre più persone in tutto il mondo sfidano atteggiamenti e stereotipi antiquati , modificano il loro atteggiamento e hanno una vita più lunga.

Prima si guardava alla crescente popolazione anziana e si vedevano solo i pensionati, ora si sta cominciando a vedere un nuovo tipo di forza lavoro esperta e compiuta. Una volta si vedevano solo costi, ora sta iniziando a vedere un mercato dei consumi in esplosione che sta rafforzando le nostre economie. Dove una si volta vedeva solo una crescente riserva di persone a carico, ora sta iniziando a vedere comunità intergenerazionali con nuovi e diversi punti di forza.

I progressi nella ricerca e nella tecnologia stanno guidando l'innovazione praticamente in ogni campo di attività, e ciò influisce sulla nostra capacità di vivere bene con l'avanzare dell'età, con un'incredibile gamma di prodotti e servizi rivolti alle persone che invecchiano.   La scienza sta rendendo possibili vite più lunghe e stiamo solo ora iniziando a realizzare le opportunità che quelle vite più lunghe offrono.   Le persone stanno reinventando il lavoro, cercando uno scopo, abbracciando la tecnologia e aprendosi a nuove esperienze.   Anche creando attività sinora inesistenti.

Bisogna capire l'invecchiamento come qualcosa a cui guardare, non qualcosa da temere. Non si tratta solo di aggiungere anni alla fine della vita; si tratta di creare un nuovo percorso affascinante per vivere la vita migliore ad ogni età.

◆ ◆ ◆

Nelle imprese artigiane esistono professionalità ancora molto ricercate, ma altrettanto difficili da reperire. Non solo tecnici informatici o manager, ma posti vacanti che forse non vengono sufficientemente valorizzati .
E' un paradosso difficile da accettare che, nonostante la crisi, possano rimanere insoddisfatte richieste di lavoro nelle imprese artigiane, come elettricisti, falegnami e mobilieri, parrucchieri e meccanici.

Un fatto che conferma che lo spazio da colmare tra sistema dell'istruzione e della formazione e fabbisogni di capitale umano espressi dalle imprese è ancora molto elevato sia in termini quantitativi che, soprattutto, qualitativi. (in Italia non esiste come in altri paesi una formazione obbligatoria rivolta ai percettori di sussidi pubblici).

Nelle nostre città si stanno riaffacciando alcune botteghe artigiane, vuoi anche per il fallimento della globalizzazione. Molte imprese infatti dopo aver esportato in Asia la produzione, e goduto per un breve periodo dei benefici di un costo del lavoro basso, adesso si trovano col cerino in mano. I costi asiatici sono aumentati, e sta crescendo l'autarchia cinese. E' in atto il fenomeno del "reshoring" ovvero il rientro delle produzioni aziendali sul territorio italiano.

Quindi alcune produzioni stanno ricominciando, ma in una nuova forma : uniscono la tecnologia informatica al saper fare : spesso sono ragazzi, microimprenditori che si rimboccano le maniche e non aspettano, a volte recuperano il mestiere del nonno. Ma con un obiettivo: usare le mani recuperando saperi antichi e ridisegnando il percorso del proprio futuro. Intuendo le potenzialità dell'artigianato di qualità, e le prospettive future delle moderne botteghe che recuperano il passato senza rinunciare all'high tech. Una delle tendenze più recenti nel settore del lavoro è quella che vede il sapere del passato declinato al futuro, ovvero gli antichi mestieri riscoperti dai giovani, anche laureati. Ma anche in questo caso, la saggezza e il know how dei senior è fondamentale.

La crisi degli ultimi anni ha reso necessaria una seria riconsiderazione dei valori alla base delle scelte professionali. In un mondo del lavoro caratterizzato da precarietà e insicurezza vale la pena intraprendere percorsi più coerenti con i propri sogni, i propri talenti e le proprie passioni. È in questo contesto che i mestieri artigianali tradizionali hanno riacquistato la loro forza attrattiva.

Interessante è anche il nuovo turismo dell'artigianato che si sta diffondendo nelle vie dei centri italiani, alla riscoperta delle botteghe storiche.
In Italia abbiamo scuole di arti e mestieri che il mondo ci invidia: dalla Scuola dell'Arte della Medaglia di Roma, agli Istituti di Restauro, all'Istituto di Liuteria Stradivari di Cremona, chi più ne ha più ne metta.

In Giappone i maestri d'arte di più alto livello, che si impegnano a tramandare gli antichi mestieri tradizionali, vengono nominati dall'Imperatore Tesori Nazionali Viventi. In Francia le istituzioni sostengono e promuovono le attività artigianali, anche economicamente, e premiano i professionisti eccellenti tra i giovani e tra i più esperti.

In ambito formativo, nei paesi nordici si da molto più rilievo alle attività manuali e l'apprendimento pratico è

parte integrante dello studio teorico. In questo ambito abbiamo come sempre in Italia un notevole divario da colmare, proprio a livello di cultura del "craft" e di riconoscimento del valore dei maestri d'arte.

Ci sono alcuni lavori che vengono richiesti nelle grandi città, perché la realizzazione di precisione non appartiene alle produzioni di serie.

E non sempre quello che hai studiato ti garantisce un guadagno sufficiente, spesso non ti offre nemmeno un lavoro, per cui vale la pena di pensare di crearselo (La percentuale di giovani che non lavorano - tra i laureati tra i 25 e 29 anni è del 21,9%, quasi il doppio rispetto alla media Ue (11,4%) e ben più alta dell'11,6% della Francia, del 6,7% della Germania e del 4,6% dell'Olanda - Sole 24ore - (1).

Per entrare un po più nel dettaglio abbiamo elencato alcune attività che possono essere svolte da tutti a qualsiasi età :

<u>Lavori artigiani</u>

    I.   Garden Designer
    II. Giardiniere
   III. Fiorist/ Flower Designer
   IV. Falegname
    V. Montatore di mobili
   VI. Restauratore

<u>Lavori di tutti i giorni</u>

    VII. Montatore di tapparelle, infissi, inferriate, tendaggi

VIII. Tuttofare Ciappinaro
IX. Sarto

Lavori con gli animali

X. Servizi per animali da compagnia (dal cibo alla toelettatura, alla vendita di libreria specifica).
XI. Addestratore

Lavori artistici

XII. Modernariato. Ritiro di oggetti usati da vendere (oggetti che sarebbero gettati nella spazzatura. Vasi, mobili elettrodomestici, accessori sportivi (sci, racchette, ecc)
XIII. Ceramista e Mosaicista
XIV. Pittore Decoupage
XV. Produzione in proprio : vasi, piatti e bicchieri artistici

Lavori con gli umani

XVI. Senior relocation organization.
XVII. Agente Immobiliare / Real Estate
XVIII. Terapista per anziani - Health and wellness support
XIX. Senior carer.
XX. Counsellor
XXI. Sport Coach
XXII. Business Coach
XXIII. Career coach
XXIV. Life Coach Mental coach

Lavori di turismo ed in zone turistiche

XXV. Travel Planner
XXVI. Guida turistica locale (esperto di arte, storia, archeologia)
XXVII. Hiking, biking o nordic walk guide
XXVIII. Mercatini di natale

XXIX. Sommelier

Lavori con gli eventi

XXX. Event Planner
XXXI. Wedding planner
XXXII. Bed & Breakfast

Lavori food

XXXIII. Pasta fatta a mano
XXXIV. Dolci fatti in casa
XXXV. Corsi di cucina
XXXVI. Servizi di catering

Lavori digitali

XXXVII. Social Media manager, web strategist
XXXVIII. Fotografo Professionale
XXXIX. Scrittore
XL. Copywriter
XLI. Blogger
XLII. Blogger Video
XLIII. Grafico 3d
XLIV. Realizzazione Video 360°
XLV. Marketplace consultant (Amazon, Alibaba, etc.)

Lavori d'esperienza

XLVI. Traduttore
XLVII. Insegnante (on line e offline) di corsi vari (di tutto, dalle lingue alla cucina, da expertise specifiche)
XLVIII. Art teacher (per chi ha una preparazione ad esempio in ceramica, lavori tessili o altro)

Lavori di Tendenza

XLIX. Food Stylist

L. Vendita prodotti biologici, salutistici e dietetici
LI. Vendita di bici elettriche, monopattini e carrozzine elettriche

<u>Lavori di Passioni</u>

LII. Giudice arbitro/ coach sportivo
LIII. Personal Trainer
LIV. Apicoltore

◆ ◆ ◆

1. Garden Designer e Giardiniere

"Sono cresciuto nel mondo del verde, con mio padre floricoltore che mi insegnava a distinguere le piante e a chiamarle per nome, e mi incalzava dicendo 'guarda meglio'. Da allora non ho mai smesso di osservare e di usare le mani per dare forma alle mie intuizioni, con passione, cura e rispetto"

Mi chiamo David Zonta e sono un Floral & Garden Designer, vivo a Torino ma lavoro ovunque. O sono "solo un vecchio fiorista", come direbbe la Cariatide nella serie TV ormai lontana del gruppo T.N.T., non importa. Ciò che importa è che, a furia di guardare meglio, mi sono talmente appassionato che ho cominciato a sentire la necessità di esplorare con più consapevolezza ciò che i fiori e la natura mi mettevano a disposizione, per trovare il mio modo di restituire un po' di tutta quella bellezza che avevo ricevuto in dono. E così nel 2000 mi sono avvicinato all'arte floreale, passando di corso in corso, fino a conseguire prima il Diploma di Fiorista Europeo e in seguito il Diploma di Floral Designer.

Ho imparato tanto, ho incontrato dei bravi maestri, ho realizzato lavori di cui sono orgoglioso e altri che sono comunque serviti. E ho visto tante persone appassionarsi, o anche stupirsi, come è successo a me tanti anni fa. E poi ho trovato il mio modo di fare questo lavoro, con le mani sporche di terra e gli occhi che guardano sempre più in alto, sempre più in là, a cercare spazi e stimoli, in un dialogo aperto in cui

quello che so e metto a disposizione si trasforma nell'incontro e si fa strumento per lo sguardo altrui.
E' così che mi occupo di progettare e realizzare il verde sui terrazzi, nei giardini, e negli interni al fine di migliorare la qualità della vita delle persone che ci vivono. E' così che questa mia passione mi ha portato a scrivere storie di piante e fiori in rubriche pubblicate su importanti testate nazionali. (David Zonta) (2)

Il Garden designer si occupa della progettazione e realizzazione di giardini e terrazze.   Si occupa a livello progettuale della scelta delle piante più idonee, al vivaio, di come piantarle e curarle al meglio.   La progettazione e realizzazione di un giardino o di una terrazza consiste nell'arte di sapere disegnare gli spazi verdi curandone i dettagli e l'armonia architettonica.   E' un esperto di piante e di design e può lavorare sia nel privato, per la realizzazione di giardini padronali, sia nel pubblico, collaborando con amministrazioni comunali.   La professione del garden designer presume un periodo di studio che poi va alimentato con continui aggiornamenti.

Le discipline che si insegnano in un corso per Garden Designer riguardano principalmente materie botaniche, dalla nomenclatura e riconoscimento di piante e alberi, elementi di ecologia, storia del giardino. Importanti, poi, sono la topografia, il disegno tecnico e l'utilizzo dei software di progettazione.

Il garden designer lavora sia per enti pubblici che per privati, ovviamente con studi e tipi di progettazione diversi a seconda dei casi. Tutti gli spazi vengono studiati nel dettaglio in una fase preliminare con studi e rilevazioni, seguiti da un progetto composto da un disegno o un rendering, poi con l'elenco degli strumenti necessari, e le tempistiche, infine gestisce la realizzazione.

<u>Guadagno : Un Garden Designer può arrivare a guadagnare anche € 70.000 all'anno.</u>

2. Giardiniere

Il Giardiniere o Manutentore del verde allestisce, sistema e mantiene aree verdi, aiuole, parchi, alberature e giardini pubblici e privati. Prepara il terreno per la messa a dimora delle piante. Segue tutto il ciclo vegetativo, dalla semina fino alla fioritura, applicando le necessarie tecniche colturali e fitosanitarie. Gestisce le manutenzioni sia ordinarie che straordinarie, come la potatura. Applica la difesa fitosanitaria ai vegetali nei limiti delle leggi in vigore. Conosce l'utilizzo dei macchinari specifici. Può collaborare sia con Aziende florovivaistiche, che agricole, con imprese del settore architettura. E com le amministrazioni pubbliche. Esistono corsi di formazione a norma di legge.

Guadagno : Il giardiniere guadagna mediamente € 1600 /mese lavorando nel settore pubblico. Come privato può guadagnare più di € 2.000

3. Fiorista /flower designer

Il fiorista è un professionista che si occupa della selezione e composizione degli addobbi floreali.
Fiorista o fioraio: la differenza
Il fioraio si occupa della creazione delle composizione più semplici, oppure della vendita di piante e fiori sfusi. Il suo lavoro è meno remunerato, e soprattutto decisamente più pratico e manuale.
Il fiorista è invece un vero e proprio artista, che studia con i propri clienti una soluzione floreale adeguata alle esigenze. La fase di progettazione del flower design non è diversa da quella di tutti gli

altri rami della decorazione: interni, esterni, luci, quadri, e così via.

Un fiorista lavora per eventi, come matrimoni e celebrazioni. Municipi, sale comunali, eventi di teatro, sportivi, concerti , e collaborazioni con fiere costruttori di stand.

Flower design
Il flower designer è un vero e proprio artista, che pianifica una composizione, discute con i clienti e dà libero sfogo alla propria creatività e versatilità per rispondere alle loro esigenze.
Per essere flower designer è necessario conoscere meglio i principi della comunicazione floreale, saper usare i programmi di grafica o il disegno.
Per avvicinarsi a questo mestiere è necessaria una grande passione per il mondo dei fiori e delle piante. La manualità, le tecniche di taglio, di composizione e la scelta dei materiali si acquisiranno con l'esperienza pratica e con lo studio, nel corso della gavetta.

<u>Guadagno : come fiorista si possono guadagnare anche 1800/1900 euro al mese.</u>

◆ ◆ ◆

Ho incontrato Marco e Francesco, che oramai sono un ex avvocato ed un ex commercialista. Si sono laureati una decina di anni fa, in giurisprudenza ed in economia. Dopo un altro anno passato sui libri, hanno ottenuto l'abilitazione professionale, e si sono iscritti agli albi professionali, appunto degli Avvocati e dei Commercialisti. Come tutti sono entrati per fare pratica nello Studio di un professionista già affermato, e dopo un paio di anni spesi lavorando pressoché gratuitamente per fare praticantato, spesso alla macchina delle fotocopie, cercando disperatamente tra amici e parenti qualche cliente personale che consentisse un fatturato inerente alla laurea, hanno trasformato l'hobby che avevano da ragazzi, il modellismo (si, i

velieri, e altri oggetti in legno), in un lavoro.
Un giorno, alcuni anni fa, hanno pubblicato su alcuni siti specializzati in mobili di arredo, le foto di tre librerie di design che avevano costruito per la propria casa, e incredibilmente hanno ricevuto delle richieste di acquisto.   Il primo anno, lavorando nel weekend, ne hanno vendute una ventina.   Tolti i costi di materiale, il packaging e la verniciatura fatta fare da altri, senza contare il tempo speso di lavoro, hanno fatto poco di più che una patta.   Ma è stato l'inizio.   Hanno deciso con i loro risparmi di affittare per un anno un laboratorio, investire in un macchinario (5 assi), e vedere come andava per un anno, prendendosi dall'attività di studio professionale un anno sabbatico.   Si sono messi sul mercato proponendosi in città a rivenditori locali e a negozi di arredo, persino a ferramente, e incrementando inoltre il proprio campionario di disegni di mobili.
Ora, dopo qualche anno di attività, sono pieni di lavoro, fanno mobili su misura per clienti importanti, ed hanno trovato una nicchia di mercato producendo copricontatori.   Hanno trovato un importatore in Svezia per la propria produzione, e ne stanno cercando altri. Hanno già assunto una segretaria ed un paio di assistenti in laboratorio. Sono in piena crescita, ed ora il loro sogno è di diventare imprenditori e designer (mi hanno citato la Technogym, nata in una garage....)

4. **Falegname :**

Tra i mestieri artigianali, quello del falegname è indubbiamente uno dei più antichi e ancora oggi molto apprezzati. Dopo un periodo di calo, dovuto alla crisi economica e all'evoluzione dei mercati, oggi il mestiere di falegname sta tornando velocemente in auge, complice anche un rinnovato modo di intendere questa professione, che conserva le sue tradizioni ma al tempo stesso ha capito come unirle alla professionalità richiesta oggi. Il Falegname è l'operaio qualificato che si occupa delle lavorazioni del legno e affini, per la costruzione e posa di manufatti, in particolare mobili anche da incasso ed elementi di completamento, rifiniture interne e altri prodotti in legno per arredamenti civili, tenendo conto delle proprietà tecnologiche,

fisiologiche e meccaniche del legno. Conosce le tecniche di utilizzo degli attrezzi e delle macchine utensili ed utilizza gli strumenti, usa le tecniche di costruzione e posa in opera ed utilizza tecniche di unione, di incastro, rifinisce e posa in opera i mobili, si occupa di levigatura, verniciatura e dei sistemi di apertura e chiusura: serrature, cerniere, sistemi di scorrimento. E' una professione ad elevata manualità che si può evolvere verso figure di elevata specializzazione : ebanista, maestro falegname, maestro d'ascia.
Le nuove tecnologie e la digitalizzazione sono competenze recenti, come la progettistica CAD, matematica e disegno grafico.

<u>Guadagno : Lo stipendio medio per falegname in Italia è € 30.000 all'anno. Le posizioni "entry level" percepiscono uno stipendio di € 20.000 all'anno, mentre i lavoratori con più esperienza guadagnano € 75.000 all'anno.</u>

5. Montatore di mobili e cucine

Figura professionale in possesso di nozioni di disegno tecnico e di tecnologia del legno, è in grado di eseguire la fabbricazione ed il montaggio di diversi elementi edilizi in legno nonché interventi semplici di protezione del legno. Edifica inoltre manufatti montando e assemblando, su adeguati basamenti e supporti, parti prefabbricate o preformate in legno. Provvede inoltre alla scelta e all' installazione di barriere fisiche, quali pannelli, schiume e resine dotate di proprietà coibentanti e fonoassorbenti.
Si occupa dell'imballaggio e dello smaltimento dei vecchi oggetti, e ovviamente degli incarti e degli imballaggi.

<u>Guadagno : Lo stipendio di un dipendente o di un tecnico a chiamata è di 1.350 € al mese in media.</u>

6.   Restauratore mobili antichi.

Questo è un tipo di lavoro per gli amanti dell'arte e di tutto il bello che ci ha tramandato la storia. Il campo è molto ampio, c'è un ritorno al mobile d'epoca o semplicemente il restauro di quello della nonna. I mercati d'antiquariato ed i mercatini domenicali di oggetti trovati nelle soffitte e di vecchi mobili si stanno moltiplicando, quindi il lavoro può essere svolto in proprio o per conto di altri. Peraltro sono di grande tendenza i mobili "Shabby Chic", mobili di taglio tradizionale ma riproposti con colori pastello.

Per chi non ha mai svolto questa attività, esistono corsi specifici, che insegnano l'uso di tutte le applicazioni pratiche, della fresatrice, l'ancoraggio, la sostenibilità e irrobustimento di poltrone e sedute, gli intarsi, la tornitura, la pulizia del mobile, e la verniciatura con materiali specifici. I trattamenti anti tarlo con gli ultimi ritrovati.   Insomma un vero lavoro da specialisti, che sarà sempre più gettonato.

<u>Guadagno : In media, un restauratore dipendente pubblico guadagna tra i 20.000 e i 30.000 € lordi l'anno, mentre per quanto riguarda lo stipendio di un restauratore affermato che lavora in proprio si possono raggiungere i 50.000 € annui.</u>

◆ ◆ ◆

Ho conosciuto in casa di amici Daniele, cinquantenne, ex agente di commercio di tendaggi, che, avendo chiuso l'azienda per cui lavorava, si è messo fare il montatore di tapparelle e di tende, oltre che di serrature.

Mi diceva che a cinquant'anni ha avuto un momento di crisi profonda, spedendo curriculum ovunque, e passando la giornata a rispondere ad annunci sul web, più o meno reali. Un momento di vera tensione, fino a quando, preso dallo sconforto e dal fatto di avere ancora un figlio adolescente da sostenere, ha deciso un downgrading, abbandonando il cappello del commerciale per fare quello che facevano i dipendenti della sua ex azienda, che lui aveva sempre snobbato considerandolo di livello inferiore, il tecnico. Ha dato il proprio nominativo a tutti i negozi della cittadina in cui abita, e riceve regolarmente chiamate. Tutti si rivolgono alla ferramenta sotto casa, o ai negozi di vicinato chiedendo se hanno qualcuno che fa questi lavori.

Ad esempio dice, c'è sempre richiesta di idraulici, e se qualcuno ha una di queste competenze, anche se non utilizzate nella vita passata, non si trova disoccupato. Sorridendo (amaramente) mi diceva che in questo periodo c'è molta richiesta di fabbri, soprattutto specializzati in inferriate per le finestre di casa....

7. Montatore di tapparelle, infissi, inferriate, tendaggi.

Questo è un tipo di lavoro di cui c'è sempre richiesta, e serve soprattutto grande capacità pratica innata. Adattamento e manualità oltre ad un poco di esperienza. E' un lavoro generalmente maschile, e si impara rapidamente sul campo. Il lavoro apparentemente più difficile è il montaggio di inferriate perché solitamente è svolto da muratori e carpentieri, ma di fatto, con gli strumenti adatti, è attuabile da chiunque. Per le altre specializzazioni è necessario saper prendere le misure giuste. Sono tutti lavori relativamente faticosi, ma ogni ferramenta ed ogni negozio specializzato è sempre alla ricerca di persone che possano svolgere questa attività.

Guadagno : Operaio esperto con più di un decennio di esperienza lavorativa guadagna in media 1.800 euro al mese; Operaio a fine carriera con più di 20 anni di esperienza ha una retribuzione media complessiva di 2.000 euro mensili

◆ ◆ ◆

8. Tuttofare (elettricista, idraulico, imbianchino,

montatore generico, giardiniere...)

Non si contano le storie simili a quella di Giovanni di Bologna che ha ricevuto la lettera di licenziamento immediato per interrompere "inderogabilmente e senza motivo di alcuna proroga" il rapporto di lavoro. Si occupava della manutenzione degli impianti elettrici, termici, di una piscina, curava il verde e i campi da tennis: "Mi riconoscevo in quel lavoro, lì ho messo a frutto le precedenti esperienze e quanto avevo appreso da mio padre che faceva il muratore". Così per Giovanni comincia la consueta trafila dell'invio del Curriculum: "Ricerca presso le agenzie interinali, mi sono iscritto a tutti i siti internet, ogni giorno mi arrivano una valanga di e-mail, che ormai cancello senza più leggere: o ti offrono un colloquio a Cuneo o addirittura sono offerte non veritiere. L'eta mi penalizza".   In effetti 50 sono pochi per smettere e troppi per trovare un nuovo impiego, così Giovanni, non senza momenti di angoscia e preoccupazione, si è detto: "Se non mi valorizzano gli altri, mi valorizzo da solo". Conosco gli impianti elettrici e idraulici, so imbiancare, lavorare il legno e il ferro, così ho deciso di investire in auto-promozione e sono diventato "Giovanni il ciappinaro", adottando il termine bolognese che sta per "tuttofare".
Ho stampato volantini e biglietti da visita e cominciato a battere tutte le vie del quartiere, ed i negozi: "Faccio piccoli lavori di tutti i tipi, sono disponibile e mi chiamano in tanti. Sto pensando anche di assumere un aiutante...."

<u>Guadagno : Il guadagno medio per tuttofare in Italia è € 24 000 all'anno circa.</u>

Altro lavoro utile, in un momento di crisi, è il sarto. Sia per fare orli, che per aggiustare. In altre parole non si acquista più come prima, e la dieta richiede di restringere gli abiti...

Lucia era responsabile del reparto cucitura in un'azienda di produzione di camicie per uomo nel Nord Italia. La globalizzazione aveva portato la proprietà dell'azienda a trasferire via via sempre più parti della produzione aziendale in Cina, dove ovviamente il costo della manodopera era decisamente inferiore rispetto al costo italiano. Alla fine in Italia tutti i reparti produttivi hanno chiuso, rimanendo esclusivamente il reparto design quelli marketing e commerciale. Prima di essere improvvisamente licenziata una decina di anni fa, come accaduto anche alle colleghe, Lucia aveva iniziato a fare orli a pantaloni e piccole correzioni agli abiti, offrendo servizi ad un paio di negozi di abbigliamento, poi realizzando camicie su misura di qualità per un target di clienti oversize per un altro specializzato, infine collaborando con un negozio top di abiti sartoriali su misura.

Da quattro anni aperto una "bottega" nella quale lavora con alcune ex colleghe che ha assunto. Ma per soddisfare tutte le richieste avrebbe bisogno di altre persone.

Ora, che è in atto il "reshoring" ovvero il rientro delle produzioni aziendali dall'Asia, dovuto all'aumento dei costi di produzione anche là, le aziende sono in cerca di lavoranti. Persino la ex azienda di Lucia. Ma ora, che ha superato i 50, non ci pensa proprio, la soddisfazione di avere la propria attività indipendente, anche se con maggiori responsabilità e forse ora occupando più tempo, dice, è impagabile.

9. Sarto

Esistono tanti corsi di sartoria, dai più semplici (anche online) a quelli parauniversitari che comprendono anche la parte stilistica e di design.

Un corso di base è di un mese o di una decina di fine settimana.

Poi successivamente ci sono corsi specializzati per modellista e cosi che insegnano l'uso delle macchine, la conoscenza dei diversi tessuti, e una base di anatomia del corpo umano.

Fino ad arrivare allo IED, l'Istituto Europeo di Design, con sedi in diverse parti del mondo, con diverse specializzazioni e professionalità.

Guadagno : Lo stipendio medio per sarta in azienda è € 22

000 all'anno netti. Le posizioni "entry level" percepiscono uno stipendio di € 20 500 all'anno, mentre i lavoratori con più esperienza, che lavorano in proprio, guadagnano fino a € 140.000 all'anno.

◆ ◆ ◆

- Sin da quando ero una bambina ho sempre avuto un cane per amico - dice Marina, ex consulente di Cremona. Ho condiviso la vita con loro. Adesso con mio marito ne abbiamo due, due Akita, bellissima razza di cani giapponesi, fedeli ed affettuosi. Purtroppo non abbiamo avuto figli, e loro sono la nostra famiglia. Mio marito ed io eravamo molto impegnati nel lavoro, forse troppo, e due anni fa, siamo diventati Over 55. abbiamo avuto la crisi di mezza età (benefica). Ci siamo presi un anno di vacanza dal lavoro, che alla fine dell'anno è diventato un cambio totale. Avevamo già rapporti del weekend con gli amanti ed i possessori di cani, con cui condividevamo incontri e gare canine. Condividevamo con alcuni anche vacanze, perchè non è sempre facile trovare hotel che ospitano animali. Io per passione avevo scritto anche dei libri, e avevo mappato diversi hotel pet friendly. Così abbiamo trasformato la nostra realtà di vita in lavoro. Ora abbiamo un sito che si occupa di prenotazioni di hotel, di vendita di accessori per animali, di vendita di libri, e di tutto ciò che può essere d'aiuto ai possessori di animali (in Italia il 20 % delle famiglie). Siamo partiti da un anno, ma stiamo già avendo un ottimo risultato. E per noi, è passione e piacere. Ci guadagniamo, ma lo avremmo fatto anche gratis....

10. Servizi per animali da compagnia (dal cibo alla toelettatura, alla libreria specifica).

In Italia sono registrati (con microchip), più di sette milioni di cani, ai quali si aggiungono gatti ed altri animali domestici, ed anche altri cani non registrati (più del 20% delle famiglie ha un animale da compagnia in Italia, compreso i single).

Sono invece ancora relativamente pochi i servizi (a parte il cibo ed alcuni accessori, che si trovano anche nei supermercati).

Percentualmente pochi ancora i negozi dedicati, ad esempio dotati di biblioteca e libri specifici. Proponiamo :

Attività che organizzano corsi di istruzione (in crescita corsi di dog agility, che servono ad insegnare alle persone che hanno un cane in appartamento, a far fare il giusto movimento al proprio animale).

Servizio toelettatura (c'è molta richiesta, bagno, igiene, taglio unghie, ecc.).

Servizio di pet sitting (servizio utilissimo soprattutto nelle grandi città, dove si ha poco tempo e il luogo di lavoro spesso è distante da casa).

Servizio prenotazione hotel pet friendly.

Pet Hotel (strutture che si occupano degli animali per alcuni periodi se i padroni non possono portarli con se).

Pet therapy, ovvero educatori che portano animali nei centri per anziani o che assistono bambini con difficoltà, o ausilio a ciechi, ecc. (Esistono anche corsi professionali istruttori..)

<u>Guadagno : Come Toelettatore si parte dai 600/700 euro per i giovani alle prime armi e si può arrivare a 2.500 euro nel caso dei professionisti. Il pet sitting è molto specifico nelle grandi città, si parla di 20/30 € al giorno. Gli altri servizi richiedono una location fisica, quindi lo sviluppo di un'attività regolamentata commerciale, che potrebbe portare anche a guadagni interessanti.</u>

11. Addestratore d'animali

Addestrare gli animali è un lavoro che richiede di essere dotati di diverse soft skills.

Empatia, etica lavorativa, capacità di lavorare in team, problem solving.

E' importante sapere che per diventare un professionista nel campo dell'addestramento di animali è necessario seguire dei corsi specifici organizzati dagli enti o dei master proposti dalle stesse università.

L'ENCI organizza corsi riconosciuti per aspiranti cinofili e nel campo dell'animal care.   È possibile accedere a diversi corsi pensati per formare figure professionali competenti come l'addestratore cinofilo. La formazione prevede un percorso di 50 ore di pratica e il superamento dell'esame di ammissione per potersi iscrivere al Registro Addestratori Cinofili ENCI.

Corsi F.I.S.E. (Federazione Italiana Sport Equestri)
Per quanto concerne l'addestramento dei cavalli è possibile fare riferimento alla F.I.S.E. che, tra le altre cose, si occupa di organizzare corsi professionali .

Guadagno : un addestratore cinofilo guadagna mediamente tra i 700 e i 1,000 EUR al mese. Chi si occupa dei delfini o di alti cetacei, può percepire mediamente 40.000 EUR all'anno Un istruttore di cavalli mediamente percepisce intorno a 1.400 EUR mensili.

Ho conosciuto Veronica una domenica mattina in estate in un paesino dell'entroterra romagnolo (ma poteva essere anche in Emilia, Toscana o Marche, la suo zona di influenza). Ero andato per curiosare tra le bancarelle, cercavo delle insegne di metallo del secolo passato, quelle insegne che pubblicizzavano prodotti o che erano l'insegna di un negozio.   Mi ha raccontato che già partecipava ai mercatini per hobbisti prima di andare in pensione, e vendeva piccoli oggetti che sistemava e scatole dipinte a mano "decoupage" che faceva per divertimento nel tempo libero.
Andata in pensione la sua attività è diventata a tempo pieno, utilizzando un garage come magazzino, che ha comprato con la liquidazione, dove tiene tutti gli oggetti che acquista sistema e

rivende. Si è specializzata in piccoli oggetti vintage, lampade, vecchi macinacaffè, paioli in rame, tutto ciò che può arredare una casa dando un tocco di antico. Le ho chiesto dove trova tutto il materiale che propone, e mi ha detto che ci sono vari canali. Il primo è informarsi su coloro che vendono vecchie case. Spesso gli oggetti di questo tipo si trovano nei solai e nelle cantine (lei ha contatti con diversi robivecchi, svuota case che la chiamano quando hanno materiale interessante). Poi ci sono scambi con professionisti di altre regioni (mi diceva ad esempio che i mobili dell'800 non hanno nessun mercato in Nord Italia mentre sono ancora interessanti al sud), per cui quando ha prodotti interessanti contatta colleghi di altre regioni, e viceversa. Poi un paio di volte all'anno va anche all'estero, in Francia, Spagna e Inghilterra, a vedere mercati locali dove può trovare qualcosa che da noi è difficile trovare. E' chiaro, mi dice, che ti deve piacere fare questa attività, perché le giornate che sei nei mercatini le passi in piedi dalle 7 alle18 in estate, ma devi partire presto per prendere le posizioni migliori nella piazza (generalmente è una piazza). In inverno il tempo della giornata è più breve, ma spesso fa molto freddo, può piovere o nevicare. Io generalmente faccio un mercatino alla settimana, a volte due in estate, o nessuno in inverno. Ma sai che cosa ti dico ? Lo avrei fatto anche prima di andare in pensione, guadagno come quando facevo l'impiegata, ma ho la totale libertà.

12. Modernariato (ritiro di oggetti usati da sistemare e vendere - versione moderna e smart dell'antico "robivecchi".

Complice il crescente interesse per gli oggetti vintage, è un mercato molto interessante. Tanti oggetti che riempiono cantine e solai godono di una nuova vita. Non solo mobili, ma anche oggetti di modernariato, elettrodomestici anni 60, vecchie racchette da tennis o sci. Le biciclette con più di 30 anni sono molto richieste, esiste anche un evento, l'Eroica, nato in Italia, che si sta espandendo in tutto il mondo, dove si può partecipare sono con bici "antiche". Non solo, stampe, quadri e oggettistica, tutti abbiamo in qualche posto nascosto oggetti inutilizzati. Libri, vecchie riviste, collezioni di giornalini per bambini, vecchi giocattoli, di tutto e di più. Ci sono anche tanti programmi televisivi, in particolare su Sky, dove esperti sono costantemente alla ricerca di oggetti particolari da sistemare e rivendere.   Cos' come sono in aumento in Italia Europa ed America, i mercatini di antiquariato, modernariato, e di vicinato, ai quali tutti possono partecipare, spesso solo con una richiesta e segnalazione al comune dove si svolge l'evento.

Basta avere voglia di ricercare e di stare all'aperto in tutte le stagioni.....

<u>Guadagno : Pur essendo un attività molto specializzata, dove una competenza sul prodotto fa la differenza, si può pensare che un guadagno di 2.000 € mensili, per chi lo sviluppa a tempo pieno, sia mediamente raggiungibile.</u>

13. Ceramista e Mosaicista

Il ceramista è un artista che produce ceramiche e le decora.   Il lavoro di ceramista richiede abilità e maestria in fase di formatura, essiccazione, prima cottura, decorazione, secondo fuoco, per la realizzazione di semilavorati, di terrecotte e di maioliche.

L'attività prevede la produzione di un "biscotto", ossia la base di materiale in terracotta destinato a una seconda cottura.

La maiolica, partendo da un semilavorato o biscotto, è la fase di smaltatura e decorazione. Le botteghe artigiane, soprattutto nelle località turistiche, sono visitatissime....

Il mosaicista è specializzato nella realizzazione e nel restauro di mosaici che sono preparati al banco di lavoro.

Un mosaicistapropone il proprio servizio ad architetti, designer, arredatori,,restauratori. Come per il ceramista la bottega artigiana è quantomai apprezzata soprattuto in località turistiche.

<u>Guadagno : Parliamo di una media di 30.000 € lordi all'anno, ma essere in zone turistiche, d fa la differenza nel caso di bottega artigiana. Nelle città è importante proporsi a studi di architettura ed a interior designers.</u>

◆ ◆ ◆

14. Pittore Decoupage

Il découpage è una tecnica decorativa, il cui nome deriva dal francese découper, ovvero ritagliare.

Nota in Italia come lacca povera o arte povera, era stata introdotta nel XVIII secolo dai mobilieri veneziani per abbreviare i tempi di realizzazione di mobili laccati a cineseria o con scene galanti di gusto tipico del '700 incollando stampine ritagliate e dipinte. Tecnica semplice che non richiede particolari doti artistiche è oggi molto diffusa, con un gran fiorire di riviste e fiere specializzate e materiali professionali.

Un mobile può essere recuperato e grazie alla creatività riportato a nuova vita. Ma anche piccoli oggetti, scatole, vassoi, vasi, possono essere rimessi a nuovo e venduti nei tanti mercatini che si tengono ovunque in Europa.

Corsi per apprendere la tecnica ce ne sono ovunque, sia fisici che online. Anche la grande catena di materiali per la casa Leroy Merlin ne tiene alcuni. Ma è sufficiente informarsi sul web, e in poco tempo diventare professionisti dell'arte.

<u>Guadagno : un restauratore affermato che lavora in proprio si può raggiungere i 50.000 € annui. Sicuramente è un'attività molto piacevole per chi ha senso artistico, e lascia sfogo alla propria grande creatività.....</u>

◆ ◆ ◆

15. Produzione in proprio : artigianato artistico.

Le attività dell'artigianato artistico richiedono tecniche di lavorazione manuale, ad alto livello tecnico professionale, anche con l'ausilio di apparecchiature ma escludono assolutamente processi di lavorazione effettuati interamente in serie. Il settore spazia dall' abbigliamento al cuoio, alla pelletteria e tappezzeria, dalla fotografia, alla pittura, la lavorazione del legno e quella dei metalli e di pietre preziose; la fabbricazione di strumenti musicali, la lavorazione del vetro e della ceramica, fino alla produzione e lavorazione di prodotti alimentari.

I profili professionali impiegati in quest'area devono possedere un'ottima manualità e precisione. Importante la presenza italiana sui mercati internazionali, considerando che il fatturato estero pesa per il 60% del totale.

<u>Guadagno : E' difficile definire un guadagno preciso, si può arrivare a guadagnare anche 80.000 € all'anno. Ma una media indica circa 30.000 € all'anno, ovvero 2.500€ al mese.</u>

◆ ◆ ◆

- L'idea mi è venuta da Stephen, un amico australiano che gestisce un Retirement Village. Queste società che sono in crescita nei paesi anglosassoni, si occupano di offrire soluzioni abitative a coloro che vanno o stanno andando in pensione. - ci illustra Marco, da Tenerife, 65enne iper tonico e abbronzato - Sono in sostanza una sorta di club vacanze, ma villaggi con tutti i servizi, hanno all'interno una infermeria, una palestra, i fisioterapisti, una piscina, spesso termale. Sono generalmente in zone marittime o collinari, non in grandi città ma nemmeno troppo isolati. Le persone che vanno in pensione si trovano con coetanei con cui condividono interessi e passioni. Ecco, io credo che sarà una tendenza in atto nei prossimi anni, ovviamente principalmente indirizzata alle persone con disponibilità economica. Come sai ci sono moltissimi italiani che si sono trasferiti qui, per i costi, il clima e la vicinanza culturale

tra italiani e spagnoli. La mia agenzia si occupa di questo, ovvero di dare assistenza a coloro che vogliono trasferirsi. Ci occupiamo di tutto : dall'assistenza sull'acquisto di una casa, alle proposte di affitto, dell'apertura di un conto bancario sul quale farsi trasferire la pensione, dell'integrazione e delle assicurazioni sanitarie, fino all'organizzazione di eventi con altri italiani (e spagnoli) per poter integrare rapidamente i nuovi arrivati. Ho lasciato i problemi di una grande città come Milano per i tropici, ritorno in Italia solo ogni tre mesi per incontrare nuove persone, ma in inverno rimango al caldo... -.

16. Senior relocation organizer

Tra i lavori del nuovo millennio il Senior Relocation Organizer è tra quelli che spiccano.

Negli Stati Uniti ed in Canada è un'attività che è già partita da alcuni anni. Tante persone pensionate che hanno vissuto nelle città industriali del nord America, cercano di trasferirsi al Sud, in Florida ed in California, dove un clima mite e una vita all'aria aperta consente di vivere la seconda parte della vita in un modo più piacevole.

In Europa questo fenomeno è iniziato più recentemente, e soprattutto in Scandinavia, ma anche in Germania, Austria, Svizzera ed Inghilterra sono tanti gli over che stanno cercando di trasferirsi in un altro paese, in una località piacevole e ben servita. Il lavoro del Senior Relocation Organizer è di occuparsi di tutto, dalla messa in vendita e gestione delle proprietà nella città di provenienza nel paese di origine, la conseguente vendita degli oggetti e dei beni non necessari, la spedizione e gli imballaggi dei beni da trasferire, e di tutti gli aspetti, grandi e piccoli, che un trasferimento comporta nella destinazione scelta. Quindi il Senior relocation Manager si occuperà della ricerca di una casa con i requisiti richiesti, i relativi contatti con i notai e le agenzie, l'aiuto con gli atti di acquisto, le pratiche di trasferimento della pensione, l'apertura di un conto bancario, la attivazione della posizione sanitaria ed assicurativa, l'acquisto di qualsiasi accessorio, e di tutta la gestione della documentazione burocratica, sino alla relazione con tutte le strutture di assistenza.

Naturalmente le destinazioni maggiormente richieste in Europa sono quelle del Sud, Spagna e Portogallo, dove oltre al clima caldo, c'è una situazione sociale di buona qualità ed ottimi servizi.

E' un tipo di attività che richiede una formazione specifica, la conoscenza di leggi e di lingue, e contatti nei paesi di arrivo. Naturalmente sono contatti che si possono costruire, ma tutto sommato è un lavoro di consulenza e di assistenza professionale che non richiede grandi investimenti iniziali.

<u>Guadagno : Non abbiamo dati europei, perché è un lavoro che sta crescendo molto negli Usa ed in Canada, dove questo fenomeno è fortemente in crescita. Negli USA si arriva a guadagnare anche € 100.000 all'anno.</u>

◆ ◆ ◆

17. Agente Immobiliare / Real Estate

L'agente immobiliare è un imprenditore, la cui professione principale è quella di mettere in relazione due o più parti per concludere una trattativa di vendita o affitto di una proprietà immobiliare. Si tratta della figura che fa da mediatore tra le persone coinvolte in un affare, che deve assumere un ruolo super partes allo scopo di offrire un aiuto sia a chi vuole vendere o affittare casa, sia a chi ne cerca una.

Deve ascoltare le richieste dei clienti e sottoporre tutte le soluzioni adatte per soddisfare le loro richieste. Può decidere di specializzarsi in determinati settori di mercato, come nella compravendita di immobili di lusso, nella vendita o soprattutto gli affitti turistici nelle località di vacanza, nelle nuovi costruzioni, oppure specializzarsi in mercati esteri.

La possibilità di carriera dipende moltissimo dall'intuito e dalla capacità dell'agente immobiliare di leggere in anticipo gli sviluppi del mercato immobiliare. A volte una buona intuizione su un immobile in previsione di una riqualificazione della zona o di investimenti vicini che ne aumentano il valore può fruttare commissioni insperate.

Guadagno : Si parte da uno stipendio fisso che si aggira attorno ai 1.000 € al mese, per poi lavorare con delle commissioni che vengono calcolate in base al costo dell'immobile venduto. Più grandi sono le catene di franchising, più le posizioni lavorative dei nuovi ingressi offrono condizioni svantaggiose, ma con costanza e impegno un collaboratore di una grande catena può arrivare a portare a casa 1.600/1.700 € al mese.
Essere titolari di una propria agenzia porta a guadagni maggiori, che superano anche i 100.000 € annui a seconda del volume d'affari.La cosa da valutare è proprio questa, in quanto costruire un parco clienti in zone dove le quotazioni reggono bene è fondamentale per la sussistenza dell'attività.

◆ ◆ ◆

18. Terapista per anziani - Health & wellness support

Sempre legato al mondo in crescita dei servizi anziani il Terapista (Health and Wellness support) aiuta le persone anziane a continuare a svolgere le attività quotidiane nel miglior modo possibile, mantenendo il loro stato di salute e il loro benessere psico-fisico.
La Terapia Occupazionale è un processo riabilitativo che, adoperando come mezzo privilegiato le attività della vita quotidiana, coinvolge la persona con lo scopo di aiutarne l'adattamento fisico, psicologico o sociale, per migliorarne la qualità di vita pur nella disabilità.
E' una professione che può essere svolta sia in strutture private che in strutture pubbliche, Ausl o centri per anziani. In particolare interviene per mantenere attiva la vita sociale e domestica dell'anziano, sfruttando le sue potenzialità residue, considerando bisogni e interessi, migliorandone autonomia, soddisfazione,

sicurezza, qualità di vita, benessere, partecipazione, e stimolando motivazione, senso di utilità, competenza, attività cognitive (memoria, attenzione, orientamento, concentrazione), rispetto di se stesso, Nel caso di servizio pubblico, identifica i pericoli domestici e raccomanda adattamenti architettonici o suggerisce una migliore sistemazione degli arredi, per rendere l'ambiente più comodo e sicuro.

<u>Guadagno : Le posizioni "entry level" percepiscono uno stipendio di circa € 21 000 all'anno, mentre i lavoratori con più esperienza guadagnano fino a € 39 000 all'anno.</u>

◆ ◆ ◆

19. Senior carer.

il senior carer è il professionista che si occuperà dell'assistenza psicologica degli anziani, del loro tempo libero, degli aspetti ricreativi della loro vita. L'assistenza agli anziani, o in inglese Eldercare, è l'adempimento dei bisogni e dei requisiti speciali che sono unici per gli anziani. Questo termine comprende servizi quali la vita assistita, i centri sociali per adulti, l'assistenza a lungo termine, le case di cura (spesso indicate come assistenza residenziale), le cure ospedaliere e l'assistenza a domicilio.
L'assistenza agli anziani sottolinea le esigenze sociali e personali degli anziani che necessitano di assistenza con le attività quotidiane e l'assistenza sanitaria, ma che desiderano invecchiare con dignità. È una distinzione importante, in quanto la progettazione di alloggi, servizi, attività, formazione dei dipendenti e simili dovrebbe essere veramente centrata sul cliente. È anche degno di nota il fatto che una grande quantità di assistenza agli anziani a livello globale rientra nel settore non remunerato del mercato.
Tradizionalmente, l'assistenza agli anziani era responsabilità dei familiari e veniva fornita all'interno della famiglia. Sempre più nelle società moderne, l'assistenza agli anziani viene ora fornita

da istituzioni statali.

Nella maggior parte dei paesi occidentali, le strutture di assistenza agli anziani sono case di cura per famiglie residenziali, strutture di residenza assistita indipendenti, case di cura e comunità di pensionamento assistito continuo.

Guadagno : Stiamo parlando di una professione molto presente nel sistema anglosassone, dove si attiva a guadagnare anche 150.000 € all'anno. In Italia è una professione in crescita, ma ancora affidata a strutture pubbliche, dove il guadagno è di circa € 14.000 all'anno.

◆ ◆ ◆

20. Counselor

Il Counseling è una mediazione tra psicologi e psicoterapeuti. Attraverso l'empatia si entra in contatto con "l'altro" creando un livello di comunicazione, una relazione di capire quanta consapevolezza abbiamo di noi stessi.

Nello specifico il counselor è un professionista che cerca di aiutare chi si trova in uno stato di difficoltà, per ritrovare sé stesso. È dunque una sorta di guida per chi, in una fase difficile, ha necessità di migliorare il rapporto con sé stesso e con l'ambiente circostante. Counselor è un professionista che ha completato uno specifico percorso di formazione.

Il counseling risponde a uno dei bisogni fondamentali nella società attuale: essere ascoltato e compreso. L'attività trova applicazione in ambito privato (individuale, di coppia, familiare e di gruppo), in ambito comunitario (scolastico, religioso e interculturale) e in ambito lavorativo (aziendale).

In concreto l'attività consiste in interventi di informazione, prevenzione, sostegno e supporto. Il campo di azione di un counselor è relazionale.

Le competenze richieste riguardano gli ambiti della comunicazione, della psicologia e delle scienze sociali. Sicuramente un buon percorso è quello che parte da una laurea in sociologia, comunicazione o psicologia, seguita da un master di specializzazione.

Esistono tuttavia corsi privati di counseling e coaching rivolti a laureati provenienti da altri ambiti. L'obiettivo infatti è ampliare la conoscenza di strumenti in grado di favorire un rapporto empatico coi propri clienti.

In una società in cui le relazioni interpersonali sono centrali, sarebbe riduttivo pensare che anche altri tipi di professioni non possano migliorare gli aspetti relazionali.

Funziona di più all'estero che in Italia. Naturalmente è avversato da psicologi e terapeuti.

<u>Guadagno : il reddito minimo annuo di un counsellor, in Italia è di circa 40 mila euro lordi</u>

◆ ◆ ◆

- Il coaching ha tre specializzazione prevalenti : Sport (è nato da un maestro di tennis), Business e Life. Il Coaching nasce negli anni 70, da un maestro di tennis speciale, W.Timothy Gallwey, (3) che unisce all'insegnamento tecnico una forte propensione allo studio della mente umana, sviluppando un approccio diverso nella relazione con gli allievi. Leggendo i suoi libri, ed approfondendo lo studio delle sue teorie e quelle di altri psicologi, mi sono specializzato in coaching quando, dopo aver chiuso l'esperienza lavorativa, ho trovato il tempo per rimettermi a studiare la psicologia, materia che ho sempre amato approfondire. Ora lavoro specialmente per i ragazzi che fanno agonistica sportiva, e per le aziende che devono trovare un modus operandi più funzionale ai tempi che stiamo vivendo, e per i privati, in particolare persone che si rendono conto che la strada che hanno intrapreso non da loro soddisfazione, e cercano un'altra via da percorrere.-

21. Sport Coach

Il coaching (o affiancamento e guida) è una metodologia di sviluppo personale nella quale una persona (detta coach) supporta un allievo (detto coachee) nel raggiungimento di uno specifico obiettivo personale, professionale o sportivo. Un coach fornisce il suo supporto verso l'acquisizione di un più alto grado di consapevolezza, responsabilità, scelta, fiducia e autonomia.

Il contributo più importante al coaching moderno fu dato nella seconda metà degli anni settanta del Novecento dal californiano W. Timothy Gallwey, allenatore della squadra di tennis dell'Università di Harvard e primo a mettere nero su bianco i suoi principi di base ("C'è sempre un gioco interiore in corso nella nostra mente, non importa in che altro gioco siamo impegnati. Il modo in cui lo affrontiamo è quello che spesso fa la differenza tra il nostro successo e il nostro fallimento").

I libri pubblicati da Timothy Gallwey propongono l'applicazione del coaching a molti campi: da quello sportivo, come il tennis, il golf, lo sci, alla musica e a quelli lavorativi; le sue indicazioni, poi, sono state applicate anche al campo degli affari, del benessere, dell'educazione.

Insieme a Gallwey, un altro ex sportivo è considerato uno dei padri del coaching: John Whitmore (4). Lasciata la carriera di pilota automobilistico, John Whitmore si dedicò allo studio della psicologia transpersonale. Grazie alla collaborazione con Gallwey, importò il metodo di questi in Gran Bretagna e lo diffuse anche ad ambiti diversi da quello sportivo. John Whitmore è stato l'ideatore di uno dei modelli più impiegati nel coaching, il modello G.R.O.W., utile a definire gli obiettivi e a migliorare la performance.

<u>Guadagno : Questa è un'altra attività in crescita, dovuta al cambiamento della società. I primi concetti di coaching furono applicati allo sport, in particolare tennis e sci. Successivamente il coaching ha sempre più preso piede anche nelle Aziende, per formare i manager ad avere relazioni ed a tenere il</u>

<u>miglior ambiente lavorativo possibile. Uno sport coch guadagna mediamente in USA 65.000 €</u>

◆ ◆ ◆

22. Business Coach

Grazie all'intuizione di Whitmore, dagli anni novanta la figura del coach compare nelle aziende. Inizialmente, le figure destinatarie dell'intervento del coach furono i manager che, per sviluppare e migliorare le loro capacità umane e professionali, si affidarono ai coach. Il Business Coaching è il processo che consiste nell'intraprendere una conversazione regolare e strutturata con un "cliente": un individuo o un team che si trova all'interno di un'organizzazione commerciale o no-profit, un'istituzione o un governo. Mira a migliorare la consapevolezza e il comportamento del cliente in modo da raggiungere gli obiettivi di business sia individuali del cliente che per la sua organizzazione. Il Business Coaching permette di rendersi conto del proprio ruolo nel raggiungimento del successo aziendale.

Il processo di coaching può assumere diverse forme (coaching individuale o di squadra) e comprendere diversi obiettivi (risoluzione dei problemi, pianificazione della carriera e della successione, sviluppo della leadership, creazione di team ad alte prestazioni).

Il business coach aiuta il cliente a comprendere come il cambiamento o l'adattamento delle caratteristiche e delle prospettive individuali possano influenzare sia i processi personali che quelli aziendali. Nel rapporto si stabilisce un'atmosfera di fiducia reciproca, rispetto, sicurezza, sfida e responsabilità. Il business coach deve portare avanti una pratica etica e competente, basata su un'adeguata esperienza professionale.

L'azione del coach mira ad un miglioramento generale che riguarda :

- La comunicazione
- Le relazioni interpersonali
- La leadership
- Il time management
- La gestione delle risorse disponibili in azienda
- La capacità di individuare nuove opportunità di business
- Il problem solving
- La gestione dello stress
- La motivazione
- L'operatività aziendale

<u>Guadagno : Lo stipendio medio mensile di un business coach in Italia, dove è un tipo di attività ancora agli albori, è di circa 1800 euro. Condizione decisamente più interessante per i coach con più esperienza che possono arrivare anche a superare i 50 mila euro all'anno.</u>

◆ ◆ ◆

23. Career Coach

Un career coach si occupa di lavorare con i propri clienti sulla loro professione e sulla loro professionalità, per esempio aiutandoli a comprendere se la loro mansione li soddisfa e li realizza, se ritengono di meritare di più (a livello economico e non) oppure se desiderano abbandonare il proprio lavoro per provare un'altra carriera. In particolare il Career Coach fornisce assistenza e consulenza per lo sviluppo di carriera e la ricerca di lavoro, aiutando le persone a identificare, chiarire e raggiungere i loro obiettivi professionali: capire quale lavoro fare davvero, capire quale prossimo altro lavoro cercare, strutturare un avanzamento di carriera,ecc.

Il Career Coaching è di fatto un servizio per aiutare i lavoratori a identificare e raggiungere un proprio progetto professionale.

24. Life Coach

Il life coach è un consulente che lavora con dei clienti privati per aiutarli a focalizzare le proprie energie e le proprie risorse nel perseguimento di un obiettivo specifico.

Si inizia sempre da un colloquio conoscitivo, che serve al life coach per capire quale sia il background del cliente, quali capacità possiede e quali sono i suoi obiettivi a breve, medio e lungo termine. In fase di colloquio si possono utilizzare varie tecniche, dai test attitudinali al gioco, per comprendere quali siano le prerogative del cliente e quali abilità è necessario migliorare ed integrare.

Dal colloquio si passa all'elaborazione di una strategia, con tecniche, esercizi e suggerimenti per conseguire l'obiettivo stabilito.

Il life coach continua a seguire periodicamente i propri clienti per sapere come il percorso sta maturando, se gli obiettivi desiderati si avvicinano, se ci sono criticità da risolvere o nuovi problemi per cui sviluppare una nuova strategia. Il monitoraggio dei risultati può durare anche mesi o anni, a seconda del tipo di problema riscontrato e dell'obiettivo desiderato.

<u>Guadagno : Questa è un' attività agli albori in Italia Un life coach guadagna mediamente in USA 65.000 €</u>

Lavoravo già in un'agenzia viaggi - dice Stefania di Firenze - ma come sappiamo il Covid ha creato un blackout nel sistema, ed in tanti ci siamo ritrovati in difficoltà. Eravamo già in crisi per la crescita delle prenotazioni online, e dalle commissioni sempre più basse ricevute dai tour operator. Ne parlavo con mio marito, cercando di trovare

una soluzione. Lui saggiamente mi ha detto : - Il Covid finirà, ma il turismo non smetterà di venire in Italia. Noi siamo a Firenze, inizia a creare pacchetti da proporre online a clienti esteri di alto livello. Perchè sono i primi che torneranno. Ho creato alcune proposte originali, e le abbiamo pubblicato su un sito web. Io mi occupo di tutto : dall'organizzazione delle tappe, alle prenotazioni dei musei, delle visite ai vigneti, dalle prenotazione dei ristoranti, e accompagno come guida nei tour i clienti. D?altra parte sono vent'anni che faccio questo lavoro dall'ufficio. E ti posso assicurare, è molto più divertente, il mio ufficio è a casa , mi gestisco il mio tempo, anzi, ne ho tanto e sto imparando a giocare a golf....

25. Travel Planner. Organizzazione a accompagnamento viaggi

Il Travel Planner è una professione sempre più diffusa. E' un consulente per il cliente, segue le sue direttive e propone soluzioni personali al di fuori delle logiche, delle tempistiche e dei costi dei tour operator.

Il Travel Planner può essere accomunato ad un sarto che cuce su misura un abito (il viaggio) addosso al proprio cliente, la vacanza ideale per ognuno. Raccoglie gusti e preferenze e disegna l'itinerario perfetto.

Il Travel Planner possiede una grande motivazione e una forte passione per il settore turismo. Deve avere capacità comunicativa e di problem solving, essere creativo e versatile. Diversamente dall'Agente di viaggio, che vende prodotti di tour operator a catalogo, il Travel planner deve saper ascoltare il cliente, e viaggiare idealmente insieme a lui, oltre a sperimentare direttamente i servizi ed i luoghi che propone.
Parliamo di clienti di alto livello, high spending, che richiedono l'assistenza continua del Travel planner, l'attenzione ai dettagli, flessibilità e personalizzazione.

Guadagno :Il Consulente di viaggi online guadagna una

commissione che varia dal 10% al 18% e che, nella vendita di strutture, può arrivare anche al 20-25%.

◆ ◆ ◆

26. Guida turistica locale (esperto di arte, storia, archeologia).

Per essere guida turistica bisogna essere esperti di una località o città, e proporre percorsi specifici, che possono essere proposti ad agenzie di viaggio, a tour operator specializzati, ad hotel e a uffici di informazione turistica. Meglio come sempre avere un catalogo di percorsi e visite, sia web che cartaceo, e un numero telefonico per essere raggiunti immediatamente. La professionalità paga sempre. Se non ci si è ancora organizzati in maniera professionale, ci si può rivolgere ad altre strutture, come appunto agenzie di viaggio locali o uffici turistici, che sono sempre alla ricerca di nuove proposte, magari su una expertise che solo voi possedete....

Guadagno : Mediamente una guida turistica professionista con 5-10 anni di esperienza ha uno stipendio annuale lordo tra i 16.000 e i 21.000 euro

Beh, la mia storia è un pò bizzarra - sorride Salva - cinque anni fa mi ero appena separato da mia moglie, lavoravo in banca, ed non ero al meglio. Ho deciso di venire a vivere a Palma, dopo tante vacanze ciclistiche e Gran fondo fatte su questa bellissima isola. A Maiorca c'è n'è una molto importante in Aprile. Ma questa è l'isola dello sport, ed è un'isola dove a cominciare da Febbraio, arrivano molto appassionati di bici, da tutta Europa, in particolare dai paesi nordici, Svezia, Norvegia, Germania, eccetera, considerando il loro clima. E' facile incontrare sulle strade della Sierra de Tramuntana (la montagna di Maiorca), decine e decine di gruppi di ciclisti, in qualsiasi stagione.*

Non solo, amanti del triathlon e comunque dello sport.

Avevo in realtà già organizzato alcuni viaggi per gruppi di ciclisti italiani, diciamo amici che condividono la stessa passione, ma sapevo che questo è un posto turistico cosmopolita, dove arrivano da tante parti. Per cui ho iniziato a collaborare con Jordi, un amico spagnolo di Maiorca con cui ho condiviso diversi viaggi e competizioni in giro per l'Europa, proponendo tutti i tipi di gite ciclistiche, sia amatoriali che impegnative su un sito web. Abbiamo iniziato a prendere contatto con associazioni ciclistiche e con tour operator nordici specializzati in bike tour. Poi anche in altri Paesi. Dopo i primi clienti, abbiamo acquistato un furgone e cui occupiamo di tutto : andiamo a prendere all'aeroporto i gruppi, gli forniamo le bici, e li accompagnano nelle escursioni. Uno di noi segue il gruppo con il furgone, fungendo da meccanico e recuperando i ciclisti meno "allenati".

Marisol e Carmen, le nostre compagne, stanno in ufficio per gestire gli arrivi e le telefonate. Posso proprio dire che ho cambiato vita a 360°, e certamente in meglio !

27. Hiking, biking o nordic walk guide

Versione verde della guida cittadina è quella escursionistica, in sentieri, valli o passeggiate, alla ricerca di "tesori" nascosti, sia di tipo ambientale che culturale, in montagna ma anche in ogni luogo naturale. Quindi a piedi (Hiking), in bicicletta (Biking), o a piedi con i bastoncini (Nordic walk). Come sempre bisogna proporre un percorso, avere una buona preparazione fisica, che sarà utile con qualche cliente molto affaticato, un sufficiente preparazione infermieristica non si sa mai, e una preparazione sulla cultura, sulla flora, fauna e bellezze locali.

Ci sono specialisti sportivi, di bicicletta o di triathlon, guide montane, che ovviamente del loro territorio conoscono perfettamente cultura e paesaggio.

Guadagno : Una guida turistica naturalistica può arrivar a guadagnare 30.000 € all'anno.

28. Mercatini di natale

Di grande moda nel periodo pre natalizio, con inizio a novembre, tutte le località montane hanno trovato un modo per anticipare la stagione sciistica. In realtà il periodo si sta allungando, in alcune località già si anticipa con il ponte di inizio Novembre, e in alcuni luoghi iniziano ad essere prolungati anche sino all'epifania.
E' un fenomeno turistico che accomuna tutta Europa, ed ogni città attira turismo con mercatino sempre più variegati e colorati.
Tanti comuni mettono a disposizione le piccole casette in legno per la vendita di prodotti e per la preparazione di alimenti. Generalmente, oltre ai prodotti di artigianato locale, ci sono molte bancarelle o casette che offrono vin brulè e cioccolate calde, oltre ai dolci locali. Ma anche altre tipologie di prodotti alimentari meno tipici. Poi regali natalizi, dalle candele agli accessori di vestiario, cappelli, guanti, eccetera. Poi artigianato artistico in quantità come Pitture, Decorazioni, Oggettistica, Modernariato, Oggetti fatti a mano.
Se qualcuno ha idee da proporre, sicuramente le Amministrazioni sono interessate a ricevere proposte e ad affittare (generalmente non è gratis) una postazione.

Guadagno : in media un esercizio incassa intorno ai 50 mila euro per un paio di mesi. Ma si deve anche pagare un obolo ai comuni e ovviamente si ha il costo dei prodotti da considerare.

Per lavoro ho sempre viaggiato molto, ero responsabile per il Sud Europa di una multinazionale americana. Italia, Francia, Spagna e Portogallo. Mi occupavo di servizi, ma per diletto ero appassionato della cultura enologia e culinaria di ogni paese. Così quando alcuni

anni fa la mia azienda ha aperto una sede in Spagna, e mi ha chiesto di trasferirmi, ho preso tempo.   Avevo fatto i corsi di sommelier nel tempo libero, e ho approfondito la conoscenza dei vini europei e delle loro zone di provenienza, i loro "terroir".   Avevo di famiglia un piccolo appartamento vicino a Cortina, e un amico mi aveva segnalato l'interesse di un importante hotel di un esperto, buyer e sommelier. Per cui, per scherzo mi sono proposto, e incredibilmente mi hanno offerto un contratto.   Non voglio dire che è la regola, sono stato fortunato ed ora vivo in un posto magnifico, ma credo che chi ha un interesse e lo approfondisce diventando un esperto, può sempre proporsi.   Il turismo enologico è in crescita, così come i marketplace online che vendono vino.   Consiglio a tutti gli appassionati di approfondire la propria conoscenza !

29. Sommelier

Per diventare sommelier è necessario fare un corso, che rilascia un diploma. Ce ne sono vari ma l'Ais è considerata la vera e propria centrale della formazione italiana, con corsi strutturati, Master e seminari di aggiornamento.

I Corsi di Formazione per Sommelier tenuti dall'Ais hanno un costo che si aggira sui 1800 Euro complessivi (per tutti e tre i livelli di qualifica).

<u>Guadagno : Chi lavora in proprio in questa specifica mansione può fornire la propria prestazione professionale presso fiere e manifestazioni di settore per le grandi compagnie e cantine di produzione, ma può anche essere chiamato a fare il Sommelier in occasioni particolari come matrimoni di lusso o cerimonie varie. Difficile da definire, cambia sostanzialmente relativamente al posto di residenza e alla capacità di proporsi ad a aziende e fiere.</u>

30. Event planner

Un event planner é un professionista con una formazione trasversale, che abbraccia nozioni tecniche, creative, logistiche e comunicative . Si relaziona con i fornitori e consiglia i propri clienti in linea con il budget e le condizioni di esecuzione. Un event planner cura produzioni complesse e strutturate che coinvolgono grandi numeri di interlocutori (siano essi fornitori, partner o pubblico) tra cui eventi aziendali, congressuali, conferenze e grandi eventi pubblici e privati. Gli interlocutori sono dirigenti, manager o clienti privati internazionali.

L'organizzazione richiede una pianificazione di medio-lungo termine rivolta ad eventi aziendali, come riunioni del personale, aggiornamenti su obiettivi e strategie, o eventi pubblici come conferenze, seminari, workshop, convegni, corsi di formazione , trunk show, feste con clienti in località turistiche.

Una attività strategica è quella rivolta alle Fiere : non si può sbagliare, in quella settimana di esposizione tutto deve funzionare alla perfezione.

<u>Guadagno :il guadagno di un event planner ha un ampio spettro, perchè ci sono anche aziende specializzate a livello internazionale. Ma per rimanere a livello locale uno specialista può guadagnare anche .e 50.000 all'anno.</u>

◆ ◆ ◆

31. Wedding planner

Al di là delle ottime capacità gestionali, non si può intraprendere il mestiere senza avere idea di cosa si sta facendo. E' necessario seguire un corso di formazione. Le Leggi italiane , infatti, non hanno definito un percorso formativo specifico, quindi basterà aprire una partita iva e fare esperienza nel settore anche con corsi online.

Il Wedding Planner si occupa di tutti gli aspetti, più o meno romantici, che riguardano il matrimonio. Non si tratterà solo di prendere delle decisioni al posto degli sposi, ma gran parte di questo lavoro consterà nel prendere i contatti con i fornitori dei diversi servizi e cercare di ottenere il miglior servizio possibile a delle cifre convenienti, facendo un attento lavoro di screening tra le possibili opzioni. Il Wedding Planner prende in carico ogni aspetto della cerimonia e del ricevimento: si occupa infatti assieme agli sposi di stilare un vero e proprio progetto che includerà in primis lo "stile" che si vuol dare al matrimonio. E' compito del Wedding Planner occuparsi quindi di partecipazioni, bomboniere, servizio fotografico, trucco, fedi nuziali, acconciatura e vestiti, bouquet e allestimenti floreali, banchetto e la torta nuziale, oltre a gestire la lista dei regali agli sposi.....

Guadagno :il guadagno di un wedding planner può variare tra 1.000 e 75.000 euro a cerimonia. Dipende ovviamente dal numero degli invitati, dalla location, ecc.

◆ ◆ ◆

32. Bed & Breakfast

Il Bed and Breakfast (B&B), la cui traduzione letterale dall'inglese significa «letto e colazione», consiste nell'offrire ospitalità a pagamento nella propria abitazione. Questa forma di accoglienza è per molti turisti una valida alternativa al soggiorno in albergo, in quanto permette di visitare un'area a costi contenuti, vivere la vacanza nel comfort di un appartamento.

L'attività di B&B rappresenta, d'altro canto, una valida occasione di reddito per chi ha casa con camere disponibili in città, in aree rurali caratterizzate da forme di turismo verde, in montagna ecc.

Le stanze destinate a questa attività, al massimo 3 e con un massimo di 6 posti letto (più un eventuale letto per i minori di 12 anni), devono possedere i requisiti igienico-sanitari previsti per l'uso abitativo.

L'esercizio del B&B, non costituisce cambio di destinazione d'uso residenziale dell'unità immobiliare e comporta, per i proprietari o possessori, l'obbligo di residenza e dimora nella medesima.

L'attività deve avere un carattere saltuario, con l'obbligo che il periodo complessivo di attività, nell'arco dell'anno, non superi il numero di notti generalmente definito da regolamentiaffidati a leggi regionali.

<u>Guadagno: un bed & breakfast medio con 4 stanze, aperto tutto l'anno, può avere un guadagno annuo lordo da 40.000 a 100.000 euro, dipende naturalmente dalla location.</u>

◆ ◆ ◆

Tutto è capitato per caso. - dice Paola, 56 anni, ex responsabile amministrativa di un'azienda meccanica, laurea in Economia, di Bologna - L'azienda per cui lavoravo, dieci anni fa, ha deciso di chiudere i battenti, e mi sono ritrovata a spasso.   Ho mandato curriculum a destra e a manca, ho fatto interviste, e non nego che con la mia esperienza qualche lavoro l'avrei anche trovato. Ma ricominciando quasi a metà dello stipendio.   Avevo sempre fatto la pasta in casa per piacere e per tradizione, mi aveva insegnato sin da bambina mia nonna, era usanza della domenica mattina fare la sfoglia a mano, con le uova, la farina e il matterello.   Macinare il ripieno e poi chiudere uno ad uno tortellini e tortelloni.   E tagliare tagliatelle e lasagne. Un must legato alle origini per gli emiliani.

Un'amica, proprietaria di una pasta fresca, quell'anno, nel periodo pre-natalizio (dalle nostre parti per le paste fresche è altissima stagione), mi ha chiesto se mi andava di fare da casa un po' di tortellini per il suo negozio.   Sono andati a ruba.   Ho iniziato, in primavera, a proporli ad alcuni ristoranti nelle vicinanze.   Dopo un periodo di prova in cui hanno verificato la qualità ed il servizio, sono diventati clienti abituali.   Ho attrezzato una stanza di casa a laboratorio (fortunatamente abito in una casa indipendente), ed ho iniziato a chiedere a mia figlia e alle sue amiche di aiutarmi, nel tempo libero, in cambio ovviamente di un guadagno. Dal primo anno il mio introito era già superiore a quello che percepivo in azienda.

Da li in poi ho contattato altri ristoranti e negozi ed iniziato ad assumere ragazze e signore disoccupate. Adesso siamo in venticinque, con più di cento clienti, e produciamo anche per alcuni ristoranti italiani all'estero.

Ovviamente uno dei segreti è la qualità che deve essere massima per un prodotto artigianale. Chi l'avrebbe mai detto che sarei diventata imprenditrice...

33. Pasta fatta a mano.

Per produrre e vendere alimenti fatti in casa è necessario mettere in atto procedure di "gestione della sicurezza alimentare" basate sui principi del sistema HACCP (analisi dei rischi e controllo dei punti critici). In pratica, questo significa che nella vostra attività è necessario disporre di un modo di procedere definito che vi consenta di gestire i 'rischi' rispetto alla possibilità che il vostro cibo venga contaminato.

I Regolamenti europei che normano questo tipo di produzione sono stati progettati per essere flessibili, in modo che queste procedure possano essere definite in rapporto alle dimensioni della vostra impresa e al tipo di alimenti che preparate.

Al momento dell'avvio, quando si tratta di attrezzare il locale/ laboratorio, occorre rispettare alla lettera le leggi vigenti in materia di igiene, per evitare che la burocrazia inibisca lo svolgimento dell'attività.

<u>Guadagno : La pasta fresca è un must della cucina italiana, in particolare emiliana romagnola. I tortellini ad esempio si vendono al pubblico attorno ai 35/40 Euro al chilo. Ci sono laboratori che spediscono pasta fresca (e congelata, per legge europea ha una scadenza di 60 giorni), in tutta Europa.</u>

◆ ◆ ◆

34. Dolci fatti in casa per ristoranti, trattorie, negozi,

latterie e dolci.

Questo è un tipo di attività eccellente per chi ha avuto in dote dalla natura e dalla propria cultura, l'arte culinaria. Sono tante le trattorie, i ristoranti e i negozi che sono alla ricerca di prodotti di qualità già fatti, specialmente in modo artigianale, come solo le nonne sono capaci di fare. E' un lavoro che si può fare da casa, avendo gli ingredienti giusti. Basta andare in giro per la città a proporre i propri prodotti e dando una certa garanzia di affidabilità.

Ognuno è detentore di alcune ricette e tipologie di prodotti tipiche della propria cultura. In Sicilia le cassate ed i cannoli sono insuperabili, le pastiere napoletane, gli strudel ed i dolci del Trentino e del sud Tirolo i tiramisù e le ciambelle romagnole). Quando andiamo al ristorante ci affascina l'elaborazione estrema della cucina molecolare e della cucina a tre stelle, ma in trattoria vogliamo di mangiare prodotti di alta qualità artigianali, vogliamo assaporare le cucine casalinghe tipiche regionali, la sana cucina di una volta. Il consiglio è di specializzarsi su alcuni prodotti, fatti a perfezione, e battere la zona in cui si abita per trovare clienti. Soprattutto non disperate e fate assaggiare il vostro "campionario" ai clienti, osti, ristoratori e privati, avrete sorprese interessanti…..

Per poter operare, ogni IAD (Impresa Alimentare Domestica) deve chiedere l'autorizzazione da parte della Asl, presentare al Comune, attraverso il Suap, lo sportello unico delle Attività Produttive la Scia, cioè la Segnalazione Certificata di Inizio Attività, ottenere la certificazione Haacp e fare l'iscrizione alla Camera di Commercio come artigiano

<u>Guadagno : I dolci fatti in casa si vendono dai 13 € a circa i 25€ al chilo. Chi ha clienti affezionati può anche guadagnare duemila euro al mese.</u>

◆ ◆ ◆

35. **Corsi di cucina in proprio o a casa propria.**

Se avete passione per la cucina, e avete una specializzazione culinaria nata negli anni o perché avete fatto scuole professionali, potete pensare di aprire a casa vostra una scuola (per privati) di cucina.   Naturalmente bisogna avere tutti gli attrezzi del mestiere, fare un sito web che venga letto, con collegamenti mirati (banner), e dare la massima pubblicità.

Divertirsi e socializzare, ma anche apprendere nozioni utili per stupire. Sono sempre di più le persone interessate a imparare i segreti degli chef. La creatività culinaria affascina.

Organizzare corsi per chef richiede un investimento medio e degli adempimenti di avvio non particolarmente complessi. L'attività può essere organizzata in base alle proprie disponibilità di tempo e l'offerta dei corsi più tradizionali può essere integrata con attività ancora più redditizie e divertenti, come l'organizzazione di tornei culinari e le lezioni per i bambini.

I clienti che desiderano imparare a cucinare sono sempre più giovani e di sesso maschile: un cambiamento nel mondo domestico da non sottovalutare. Ciò che rende attraente e innovativa l'idea di aprire una scuola di cucina è sicuramente l'aspetto conviviale della lezione e l'apprendimento per criteri pratici: durante una lezione di cucina si cura molto anche l'aspetto della socializzazione.

È fondamentale l'aspetto organizzativo dell'attività: scegliere adeguatamente gli argomenti delle proprie lezioni, studiare con attenzione il programma didattico, la durata dei corsi, le formule per i corsi base, avanzati, tematici.

L'investimento iniziale per aprire una scuola di cucina è da considerarsi medio, poiché è necessario allestire una vera e propria cucina a norma di legge, attrezzata con tutto il necessario per la preparazione dei piatti previsti nelle lezioni. Le opportunità di guadagno relative a questo tipo di attività sono buone, in quanto, ammortizzato l'investimento iniziale, i costi si ridurranno.

<u>Guadagno</u> : Il guadagno di chi organizza corsi in Italia è mediamente di circa € 50.000 all'anno. I professionisti più affermati superano i 100.000 € all'anno.

◆ ◆ ◆

Mauro ex skipper : - Da ragazzo amavo pazzamente il mare e tutte le attività sportive che si potevano fare sull'acqua. Facevo le regate e portavo turisti a fare qualche uscita. Così quando mi hanno proposto di andare a lavorare in Thailandia come skipper per una società di Charter nautici, non ci ho pensato due volte, ho lasciato gli studi di economia e sono partito. Ma tutto finisce e soprattutto c'è un'età per tutto. Così alla tenera età di 40 anni, dopo una vita spesa in mare, ho capito che dovevo aprire una nuova pagina nella mia vita. Avendo vissuto nel Sud Est asiatico conoscevo bene la cucina locale, e la mia compagna, Sue, è di Singapore. Così arrivati in Italia, abbiamo aperto un piccolo locale di cucina asiatica, con molto takeaway e consegna a domicilio. Poi da un anno ci stiamo rivolgendo all'organizzazione di eventi, sempre con una cucina di taglio asiatico. Abbiamo stampato menu, e collaboriamo con organizzatori di eventi, e a volte con aziende. Chiaro che devi avere una tua specializzazione ed occuparti di tutto, avere i contatti con collaboratori (camerieri, ecc.), ma questa parte era già nelle mie corde dal precedente lavoro.

36. Organizzazione di servizi catering

L'organizzatore di servizi di catering si avvale di una impresa esterna di produzione alimentare, generalmente un ristorante, un gourmet, una pasticceria, ecc, o meglio di diverse collaborazioni.
Svolge il lavoro per conto di aziende e comunità, ma anche di privati, o per occasioni speciali, come Fiere o grandi eventi aziendali, ma non solo, anche matrimoni ed altre feste private.

I menu devono soddisfare ogni necessità verificando

l'applicazione delle norme igienico-sanitarie durante l'elaborazione degli alimenti attraverso il sistema HACCP (analisi e controllo dei punti critici).

E' un lavoro creativo e con una infinità di sbocchi, da piccoli eventi privati sino ad accordi con grandi società come ad esempio compagnie aeree o grandi aziende.

<u>Guadagno : Si può ottenere un guadagno superiore ai 50.000 € all'anno, ma è necessario effettuare un investimento che si aggira intorno ai 40.000</u>

37. Social Media Manager

Il Social Media Manager è una figura professionale, facente parte delle professioni digitali, che gestisce la comunicazione sui social network di un'azienda o un brand. Quando un'azienda si propone sui social network, deve avere ben chiaro chi è e cosa vuole comunicare.

Un Social Media Manager ha il compito di delineare una strategia social delineate e pulita. Le attività legate alla professione di Social Media Manager, quindi, sono di responsabilità e richiede un'ottima conoscenza dei social network. Alcuni dei social network più usati sono: Facebook, Instagram, Twitter, Linkedin, Youtube, Pinterest e vari Blog.   I Social Media Manager si avvalgono di piattaforme multicanale, cioè dei software che permettono di gestire più progetti, e quindi più canali di promozione usando un solo software. La Social Media Strategy, fino alla creazione di una community.   Naturalmente il social media manager deve essere in grado di creare e valorizzare contenuto adatti al target aziendale per mantenere alto l'interesse di clienti e utenti.

Non esiste un vero e proprio percorso di studi per diventare Social Media Manager. Sicuramente un percorso universitario o un corso specialistico sono propedeutici. Come sempre, è importante che i corsi scelti siano di qualità, quindi è importante valutare la reputazione della scuola in cui ci si andrà ad iscrivere.

<u>Guadagno</u>: Lo stipendio medio del social media manager in Italia è € 30.000 all'anno. Le posizioni "entry level" percepiscono uno stipendio di € 20.000nall'anno, mentre i lavoratori con più esperienza guadagnano fino a € 60 000 all'anno.

38. Fotografo professionale

Per fare il fotografo a livello professionale bisogna studiare fotografia, formarsi e disporre di attrezzature adeguate e fare pratica.

Ogni fotografo ha una specializzazione, anche se tutti in genere sono multitasking, passando da servizi fotografici a matrimoni a foto a collezioni aziendali, cataloghi e brochures, foto ad ambienti turistici e foto di moda. E' anche importante avere contatti con tipografie ed esperti grafici.

Sapersi promuovere, con un sito web dove viene illustrata la propria expertise ed i propri lavori. Il sito web è una vetrina importante, dove caricare il portfolio, ma anche i propri riferimenti per essere contattati.

Bisogna poi contattare aziende sia pubbliche che private, istituzioni pubbliche come amministrazioni comunali, parrocchie per i matrimoni, hotel e B&B per fare i servizi fotografici. Considerando che oramai tutto è digitale, saper realizzare per i clienti siti web è diventato elemento necessario alla professione.

<u>Guadagno</u> : dai 1.100 EUR fino ai 1.300 EUR presso un'agenzia fotografica, un professionista riconosciuto e affermato, può riuscire a guadagnare anche 5.000 EUR al mese.

- Ti è mai capitato di avere un'idea in testa e non deciderti a prendere

del tempo per ragionarci a fondo ed iniziare a farne qualcosa ? - Matteo sorride - per una vita ho pensato di scrivere, mi piace e mi diverte. Ho il cassetto pieno di grandi inizi, di idee che poi ho abbandonato finite miseramente nell'angolo del "vedremo". Cinque anni fa poi, per caso, ho preso la "tredicesima onda". Sai quella di Papillon o di Tom Hanks in fuga dall'isola. Quella che mi ha fatto superare gli scogli e il reef di coralli e mi ha lanciato nell'oceano... Ho finito il primo libro, e l'ho pubblicato. Un piccolo libro di marketing, direi spicciolo, niente di dottorale, ma leggibile. Pensavo che non avesse riscontro, ma invece, poco a poco, ho iniziato vedere che qualcuno lo leggeva. E allora ci ho preso gusto. Ne ho scritto un secondo, ed ora ho riaperto il cassetto delle idee per prenderne fuori altre. Non diventare sicuramente miliardario come Wilbur Smith, o un'autorità nel marketing come Philip Kotler, ma uno stipendio lo porto a casa facendo qualcosa che mi piace. E poi, chi vivrà, vedrà....

39. Scrittore di libri (anche ebook self-publishing)

l self-publishing altro non è che la pubblicazione di un'opera, in questo caso un libro, effettuata direttamente dall'autore stesso, senza necessità di passare per altri intermediari e quindi senza necessità che l'opera sia giudicata pubblicabile da un editore.

In rete tutti hanno la possibilità di azzerare costi di pubblicazione e di raggiungere in maniera diretta un numero di potenziali lettori. Piattaforme come Amazon Kindle Direct Publishing o come IlMioLibro.it permettono l'autopubblicazione.

Altre strutture web gestiscono la parte del pagamento e del download del libro da parte del cliente. come E-Junkie, che ha un costo 5$ al mese, indipendentemente dal numero di copie vendute.

Questo metodo di vendita permette inoltre di crearsi una lista di persone che hanno comprato il libro e che quindi potrebbero essere interessate in futuro ad acquistarne altri.

Amazon, il sito di ecommerce più famoso al mondo, ha iniziato la propria avventura negli anni 90 con la vendita online dei libri, rivoluzionando il settore.

Pubblicare il proprio libro con Amazon è semplice, basta impaginare in un file word con le linee guida di Amazon in fatto di caratteri, spaziature etc. (disponibili sul sito di Amazon nella sezione KDP), registrarsi quale utente KDP e caricare il file Word impaginato, comprensivo di una copertina e del prezzo.

Per ogni vendita effettuata Amazon tratterà una parte del prezzo quale propria commissione.

Il MioLibro.it del Gruppo Editoriale L'Espresso, permette di stampare su carta il proprio libro (fosse anche solo una copia) e fondamentalmente agisce quale punto di ingresso per l'utente che voglia rendere disponibile il proprio lavoro su più di un ebook store (Apple, LaFeltrinelli, etc.) senza doversi sobbarcare la gestione della pubblicazione su tutte queste differenti piattaforme online.

Il vantaggio principale di questa modalità di self-publishing è quindi la grandezza del bacino di utenza al quale è possibile rivolgersi, sicuramente molto più ampio di quello messo a disposizione dal solo programma Amazon KDP .

Pubblicare un libro con IlMioLibro costa circa 79 euro per la prima pubblicazione e di 49 euro per ogni pubblicazione successiva. e percentuale sulle vendite, inoltre a quella spettante ai vari ebook store.

Innanzitutto un buon libro potrà generare una rendita costante. Con il passare dei mesi e con le recensioni positive dei vostri lettori, le vendite possono aumentare ....

<u>Guadagno : Non esiste naturalmente un guadagno certo, dipende naturalmente dall'argomento trattato nel vostro libro, dalla qualità del contenuto, la capacità di promuoverlo, ecc.</u>

◆ ◆ ◆

40. Copywriter

il copywriter è il professionista che si occupa di pensare, pianificare e redigere testi scritti, lunghi o brevi, per il settore pubblicitario.

Il copywriter deve conoscere e padroneggiare non solo gli strumenti della buona scrittura pubblicitaria, ma anche conoscere le dinamiche e i meccanismi della pubblicità online.

Il copywriter deve saper scrivere in modo perfetto nella lingua in cui lavorerà, perchè l'obiettivo finale è riuscire a vendere il prodotto.

Un buon copywriter sa presentare in modo affascinante, è dotato di soft skills come la persuasione, sa evidenziare la qualità ed il vissuto delle aziende e di prodotti. E' un lavoro creativo, per amanti della scrittura dotati di fantasia fervida....

<u>Guadagno : Con un impiego in agenzia è possibile un guadagno indicativo medio di 1700 euro al mese. Un libero professionista potrà valutare, indicativamente, la propria tariffa in base all'esperienza con una cifra compresa tra i 20 e gli 80 € l'ora.</u>

◆ ◆ ◆

41. Blogger

Il blogger è un'attività web. Il blogger è un appassionato che racconta le proprie avventure in giro per il mondo (travel), che descrive minuziosamente la sua passione per la moda, o che racconta il suo interesse per la cucina. Il tutto accompagnato da foto e filmati di qualità, e da racconti di complemento.

Ha diversi follower, con cui scambia idee e pareri. Il blogger nella sua forma più professionale è un infliencer, con migliaia e migliaia di follower, ed è di interesse per le Aziende che si affidano a lui (dietro pagamento) per la realizzazione di campagne pubblicitarie mirate ai suoi follower.

<u>Guadagno : un blog ben strutturato con un corretto piano marketing, può anche arrivare a guadagnare da 500 a 2000 € al mese nel corso del suo primo anno di vita. Ma non è automatico, bisogna essere molto strutturati e originali</u>

◆ ◆ ◆

42. Blogger Video.

Versione del blogger è il videomaker o blogger video. Che realizza il racconto filmato della proprie esperienze, di viaggio, culinarie o di moda che dir si voglia.

Ci sono riviste e canali televisivi che sono alla ricerca di proposte nuove e originali da proporre. Sky ad esempio pullula di programmi che si occupano di viaggi o di argomenti correlati a determinati paesi (vendita di case, ricerca di oggetti di antiquariato, ricerca di altri oggetti originali, locali di svago, ristoranti, hotel, eccetera). E' un lavoro per chi ha fantasia e capacità tecnica, oltre che proprietà linguistica e conoscenza delle lingue.

Ma bisogna saper scegliere bene il filone ed il tema, pensare soprattutto al target a cui ci si rivolge con i propri articoli. Amanti di luoghi insoliti ? Della cucina ? Bisogna acquisire, giorno dopo giorno, una expertise che fa di sé un master riconosciuto.

◆ ◆ ◆

43. Grafico 3d

Questa figura professionale crea grafiche 3D, tramite tramite l'utilizzo di specifici software che gli consentono di creare immagini a tre dimensioni.

L'obiettivo finale di un grafico 3D è la produzione di immagini che diano la sensazione allo spettatore di essere integrato nella presentazione.

Il lighting è quella parte della grafica che si occupa di ricostruire tridimensionalmente un oggetto tramite l'uso della luce virtuale. La luce è la base per dare tridimensionalità all'oggetto.

Il texturing è il passaggio successivo per realizzare una grafica 3D. L'oggetto qui prenderà colore e le varie texture che lo renderanno unico (liscio, ruvido, lucido, etc) dandogli una maggiore tridimensionalità.

Il rendering è la parte che studia i materiali in cui sarà composto l'oggetto che il grafico 3D andrà a realizzare.

Il grafico 3D può essere specializzato in diversi settori.

In grafica industriale può i realizzare un oggetto esploso, visibile in ogni sua parte, con la possibilità di comporre l'insieme.

In architettura lo sviluppo di grafiche tridimensionali che consentono di immergersi all'interno di una stanza o guardare da fuori un edificio come se fosse davanti agli occhi.

E' fondamentale iscriversi ad un corso specifico per diventare grafico 3D. Anche se un percorso scolastico in informatica è sicuramente propedeutico all'apprendimento.

<u>Guadagno : Un graphic designer ha molte possibilità di guadagnare nel caso in cui decida di intraprendere la professione come libero professionista, potendo tranquillamente ad aspirare a guadagnare 2.500 €</u>

◆ ◆ ◆

44. Realizzazione Video 360°

I video 360 gradi sono video che consentono allo spettatore di guardare in tutte le direzioni.   La ripresa di video 360 è piuttosto diversa dalla ripresa di video e film convenzionali. Una delle maggiori differenze rispetto alle riprese di un film classico è che i video a 360 gradi offrono allo spettatore una visione a 360 gradi selezionabile attraverso l'angolazione della telecamera.

Attraverso video VR 360° è possibile creare, per esempio, virtual tour aziendali, progetti di promozione turistica e museale. Queste tecnologie possono divenire un efficace strumento di formazione e training, oppure semplicemente un'implementazione ai manuali di macchinari e dispositivi.

L'eCommerce sta scoprendo che gli acquirenti online sono più propensi a procedere all'acquisto quando possono osservare i prodotti in modo ravvicinato e dettagliato . Ogni prodotto ottiene migliori risultati se proposto in visualizzazione a 360°.

E' un servizio che sarà sempre più utile e proponibile a tutte le Aziende.

Il costo dell'apparecchiatura si è sensibilmente ridotto, così come il costo dei software di gestione. Ottime apparecchiature sono nell'ordine di un migliaio di €.

<u>Guadagno : E' un altro lavoro da libero professionista, e si può anche guadagnare bene, alcune migliaia di €. Ovviamente bisogna, come per quanto riguarda i fotografi e i grafici, avere una capacità di autopromozione con le aziende e realizzarsi un sito web approfondito.</u>

◆ ◆ ◆

45. Marketplace Consultant (Amazon, Alibaba ecc.)

L'attività e-commerce è uno dei settori più in crescita, e chi ha già un'attività o sta pensando di avviarne una, non può non considerare i grandi vantaggi che ne derivano. Ma non tutti hanno tempo per avviare un business online, per questo la consulenza per vendere su Amazon Alibaba e altri Marketplaces è un'interessante opportunità di lavoro.

Chi vende online può farlo col proprio sito di e-commerce, o decidere di essere presente sui marketplace specializzati. I Marketplace sono appunto dei mercati online che possono essere specializzati per settore (come Yoox per la moda) leader in un

Paese (come Alllegro in Polonia) o presente in tutto il mondo e in tutti i settori (come Amazon e Alibaba)

Grazie a questi "mercati virtuali", invece, le aziende possono proporre i propri prodotti e massimizzare le possibilità di essere trovate.

Il consulente Marketplace diventa una figura essenziale a cui rivolgersi per definire la propria strategia di business vincente ed evitare errore banali che potrebbero compromettere la riuscita dell'intero progetto imprenditoriale.

Non bisogna pensare che per vendere su Amazon, sia sufficiente pubblicare i propri prodotti all'interno del marketplace e le vendite inizieranno "come per magia". Non è così, Amazon è un ecosistema con proprie logiche e con un proprio algoritmo, che bisogna conoscere.

Il consulente di Marketplaces deve saper scegliere e valutare l'efficacia di un prodotto, utilizzare gli strumenti per l'analisi dei competitor,

gestire i flussi di cassa, ideare una strategia di posizionamento, creare una pagina prodotto

Non solo, anche gestire una campagna pubblicitaria sui social.

Sicuramente, se pensiamo che la percentuale di acquisti online negli Stati Uniti è attorno al 55%, mentre in Italia siamo ancora al 15%, si può capire come essere esperti di vendita Online, sia che si tratti di Amazon che di Alibaba o di altri Marketplace è una opportunità, in ottica futura, di guadagno e di sviluppo professionale interessante.

<u>Guadagno : Gli stipendi come Marketplace Consultant presso Amazon sono mediamente di 35.000 € all'anno.</u>

46. Traduttore

Il traduttore è quella figura professionale che si occupa di tradurre un testo da una lingua all'altra sincerandosi che si conservi il significato del testo originale e gli aspetti linguistici e culturali .

A differenza dell'interprete, che lavora con la lingua orale in tempo reale, il traduttore deve rispettare le esigenze editoriali, lunghezza e stile.

Le traduzioni hanno sia ambiti di narrativa o saggistica letteraria, che quella tecnico-scientifica, che si occupa di testi di argomenti specialistici, come giuridici, medici, economici.

È necessario che il significato di testi scientifici, tecnici o legali sia reso nella maniera più corretta possibile e che lo stile di scrittura, lo spirito, la fraseologia e la terminologia di un'opera letteraria sia aderente alla concezione originaria dello scrittore.

Avendo conoscenza dei contesti socio-linguistici e culturali, per poter esprimere espressioni gergali o regionalismi, e tradurre espressioni colloquiali o idiomatiche che non trovano un'esatta corrispondenza tra le due lingue.

Usando in maniera corretta vocaboli e termini tecnici.

<u>Guadagno : un Traduttore può guadagnare 2.000 € netti al mese, ma dipende sempre dalla mole di lavoro che si può e si vuole affrontare.</u>

Stefano, un ex compagno di economia all'Università mi ha raccontato come si è trasformata la sua vita di docente formatore aziendale : - Dopo venticinque anni di attività come formatore, lavorando sia in aula in strutture professionali che con corsi in azienda, ho iniziato a pensare che le materie di cui ero stato docente, iniziavano ad essere un poco superate. Una nuova generazione di formatori, con studi più freschi ed aggiornati, stava prendendo il sopravvento (io a 57 anni, con un altra decina di anni di lavoro davanti (almeno) prima della pensione, come potevo essere competitivo sul mercato con i nati digitali ? Per noi il cellulare era la novità, adesso nascono con l'algoritmo nel cervello... Mi è capitato che un'azienda mi ha chiesto di

poter pubblicare una mia lezione, che avevo registrato per i dipendenti loro nelle varie sedi. E così ho perfezionato, giorno dopo giorno, i video, ho tagliato ed aggiunto, migliorato le presentazioni e la mia postura. Ho iniziato a pubblicarne e sto inviando a ottenere dei risultati soddisfacenti ed ad incassare. Per ora solo in italiano, ma siccome è una lingua per pochi, ne sto preparando uno in inglese. Poi ti dirò...

47. Insegnante corsi online (di tutto, dalle lingue alla cucina, dal marketing alla comunicazione, con expertise personali chiunque può proporre un corso)

Ci sono siti web che promuovono e vendono cataloghi di corsi sviluppati da freelance. Un esempio è lifelearning.it, che spiega nelle sue pagine anche come si prepara un corso.

I corsi coprono tutto lo scibile umano, dai corsi con specializzazioni web ai corsi di marketing, da quelli di cucina a quelli di musica. Anche corsi più specifici, di psicologia o di lingue. Se si è in possesso di una competenza approfondita in una materia, qualunque essa sia, vale la pena di provare a proporla.

Esistono marketplace dedicati come Udemy(udemy.com) che ha più di 200.000 corsi in portafoglio, in 14 differenti lingue. E' la principale piattaforma, che propone una vastissima selezione di corsi in tutti gli ambiti. Diventare insegnante su Udemy consente di unirti a una community di supporto che ti aiuterà durante il processo di creazione del corso.

Poi c'è Thinkfic. Oltre a creare il tuo corso online puoi anche gestire i contatti dei clienti, tenendo traccia dei loro progressi e attuando delle efficaci politiche di post-vendita. La piattaforma è completamente personalizzabile e offre la possibilità di iscriversi gratuitamente per testarne le funzionalità su un numero limitato di corsi.

Altro sito che offre corsi di livello, a pagamento ma anche alcuni gratuito è Coursera. Oltre alle italiane Accademia Domani con un pacchetto di oltre 210 corsi diversi a un costo fisso. E Ninja Academy, che è una piattaforma di e-learning specializzata nei corsi online di web marketing.

Guadagno : dipende ovviamente dal tipo di corso che si propone, e dal livello di autorevolezza. Gli insegnamenti più tradizionali, come materie scolastiche possono portare a guadagnare anche 1500 € al mese.

◆ ◆ ◆

48. Art teacher (per chi ha una preparazione ad esempio in ceramica, lavori tessili o altro)

Le strade dell'arte sono tante. Soprattutto per chi è nato in Italia ed ha un feeling con la bellezza. Ci sono capacità che tutti vorrebbero avere ma che per mancanza di tempo non hanno mai iniziato a sviluppare . In tanti vorrebbero dare sfogo al proprio istinto artistico, e devono iniziare con l'apprendimento dei fondamentali. Per questo chi ha sviluppato una preparazione artistica, che può essere pittura, ma anche ceramica o realizzazioni tessili, può proporsi con corsi sul mercato, contattando sia associazioni che istituzioni, ma anche presentandosi sul web.

Abbiamo proposto precedentemente l'attività di esperto in decoupage e artigianato artistico. L'art teacher è un completamento del lavoro, che fa si che si possa insegnare l'arte ad allievi. Ci si deve collegare con strutture formative scuole di formazione regionali, od associazioni, come CNA, Confartigianato ad esempio, che propongono corsi regolarmente.

Guadagno : è una variante del punto precedente, ma ha la necessità di una proposta specifica. Come il precedenti il guadagno dipende dal tipo di corso che si propone, e dal livello di autorevolezza.

◆ ◆ ◆

Dice Orsola Ciriello Kogan, food stylist veneta (5) :- Lo scatto è il risultato del lavoro di squadra con fotografo, food stylist, prop stylist (che si occupa degli oggetti di scena e del loro allestimento), redattore, art director e cliente. Richiede un'attenta pianificazione, una comunicazione chiara, una spesa attenta per cibo e oggetti di scena, competenza nella preparazione del cibo (sì, la food stylist cucina) e un buon senso artistico per la presentazione.

Le sessioni fotografiche possono richiedere ore e il piatto da riprendere deve apparire sempre fresco e stuzzicante. Non importa da quanto tempo è lì, sul set, chi lo guarda deve aver voglia di mangiarlo come se fosse stato appena preparato.

In generale, la food stylist è una freelance (libera professionista) che collabora con fotografi, agenzie o direttamente con il cliente. Ci sono anche food stylist in-house (parte del team di un'azienda alimentare), ma è raro.

Non c'è ancora un percorso di studi dedicato: bisogna essere un po' cuoca e un po' artista. Seguire dei corsi di cucina per apprendere le tecniche base di preparazione e cottura, conoscenza delle materie prime e, come eseguire e presentare un piatto, è indispensabile. E poi bisogna cucinare, cucinare e ancora cucinare.

49. Food Stylist

La food stylist, (letteralmente stilista di cibo), è una professionista che, con tecnica, creatività e stile, trasforma un ingrediente, un piatto o una ricetta in un "modello" da fotografare o riprendere.

L'alimento, per essere fotografato, deve apparire al meglio, esattamente come per qualsiasi modello, e la food stylist se ne prende cura, partendo dal casting delle materie prime, migliorando il look della ricetta e rendendo appetitoso il piatto per la macchina fotografica. L'estetica è importante, quanto il suo aroma, per stimolare il nostro desiderio di mangiarlo.

Guadagno : Riportiamo solo per informazione generica i guadagni dei fotografi professionali. dai 1.100 € fino ai 1.300 €, un professionista affermato, può guadagnare anche 5.000€.

50. Prodotti biologici, salutistici, nutrizionista

Il biologico sta vivendo la sua età dell'oro. Conquista sempre più consumatori, viene scelto da un numero crescente di produttori e ora può contare anche su certificazioni di qualità più trasparenti.

Il biologico è un settore in piena crescita. Secondo la Coldiretti l'anno scorso il 60% degli italiani ha acquistato prodotti bio: la domanda è aumentata soprattutto per gli ortaggi, i cereali, la vite e l'olivo.

Il mercato premia e così anche tra i produttori l'impegno verso il biologico è cresciuto: l'Italia ha la leadership in Europa per numero di imprese che non fanno uso di Ogm o di fertilizzanti sintetici. Oggi nel nostro Paese ci sono quasi 1,8 milioni di ettari a coltivazione biologica, L'Italia è anche il maggior esportatore europeo del settore, con quasi 2 miliardi di euro in valore.

Vitamine, proteine e altri nutrienti, che servono a dimagrire, a migliorare le performance fisiche e a migliorare e sviluppare l'organismo sono liberamente i commercio. Aprire un negozio di integratori rappresenta un'ottima opportunità di business, anche se non manca la concorrenza, specialmente online. ma si può integrare l'attività offline con un e-commerce in modo da raggiungere altre persone usando internet .

Sono richieste competenze nel settore ed è necessario essere in possesso di una licenza per la vendita e di aver ottenuto il certificato HACCP sull'igiene alimentare. Infatti tali prodotti rientrano nella disciplina relativa al commercio di alimenti. La competenza nel settore, sebbene non sia richiesta una specifica qualifica, è opportuno averla per selezionare i prodotti . Non si tratta in ogni caso di somministrare medicinali e per un uso prolungato di alcuni integratori è necessario il parere medico. Si commercia prodotti senza rischi per la salute.

Guadagno : Aprire un negozio di vendita di prodotti biologi

<u>comporta un investimento compreso tra 50 e 80.000 euro. Ma anche questo è un settore in crescita, che può consentire di riprendere rapidamente l'investimento fatto.</u>

◆ ◆ ◆

51. Vendita di bici elettriche, monopattino elettrici, e carrozzine elettriche. Esperti di montaggio di kit per bici elettriche

- Le biciclette elettriche, o e-bike, sono alimentate da una batteria elettrica, superano di solito i 25 km/h e si ricaricano in poche ore
- Alcuni modelli costano meno di 800 euro
- Spesso dotate di porte Usb, hanno sistemi di sicurezza e possono essere piegate in due per occupare poco spazio

Le biciclette elettriche – cioè biciclette estremamente tecnologiche alimentate a batteria – si stanno sempre più diffondendo come pratico mezzo di trasporto.

Secondo il New York Times con oltre 35 milioni di esemplari, la bici elettriche acquistate hanno nettamente superato la quantità di macchine elettriche vendute. Un motivo del loro grande successo è la convenienza: molte e-bike possono essere ricaricate in meno di tre ore e costano meno di 800 euro. Se si scaricano durante l'impiego, si può pedalare come sulle normali biciclette senza rischiare di restare bloccati se la batteria non funziona più. Alcune e-bike si piegano anche in due, diventando comode da trasportare.

<u>Guadagno : I negozi di biciclette hanno il 40 % di margine, ma bisogna considerare che un po di sconto si fa sempre. Sicuramente il montaggio ed in particolare la riparazione rendono di più. Come tutti i business nuovi consente di guadagnare bene sino alla saturazione del mercato. Al momento si possono guadagnare anche quattro cinque mila euro al mese.</u>

Ho incontrato Giuseppe ad un incontro di tennis Under 14 dove giocavano i miei figli. Mi ha detto che da quando è andato in pensione questa è la sua vita, organizzare e gestire tornei di tennis nei circoli regionali :. - Lo faccio per puro piacere, sto in mezzo a ragazzi sportivi e sono in un ambiente sano. In realtà la federazione mi rimborsa per ogni evento che seguo (circa 130 € lordi al giorno n.d.r.). Non è tanto e non ne avevo bisogno, faccio di solito tre giorni due/tre volte al mese. Alla fine tolte le spese integro.   E lo avrei fatto comunque per il piacere.   Cosa c'è di meglio che guadagnare facendo una cosa che si ama veramente fare ?

52. Giudice arbitro

La pèrofessione dell'arbitro può regalare grandi soddisfazioni e grande prestigio: è colui che dirige e interpreta l'incontro, andando oltre la semplice applicazione meccanica del regolamento.

Non richiede semplicemente uno studio costante e meticoloso del regolamento, ma anche una preparazione fisica. Questa duplice preparazione costituisce uno dei motivi per cui la professione dell'arbitro è così difficile e tendenzialmente sottovalutata.

Per fare carriera nel mondo dell'élite arbitrale è meglio frequentare un corso di laurea in Scienze Motorie.

Per diventare arbitro di calcio è necessario iscriversi ad uno dei corsi tenuti annualmente dall'AIA, l'Associazione Italiana Arbitri, a carattere totalmente gratuito. Il basket è un altro sport molto seguito nel nostro Paese; il procedimento non è molto diverso da quello del calcio, nel senso che il primo passo è rivolgersi al Comitato Regionale della FIP, la Federazione Italiana Pallacanestro.

Nel caso del tennis bisogna distinguere tra arbitro e giudice arbitro.   L'arbitro è l'ufficiale di gara scelto per dirigere un match, mentre il giudice arbitro ha una responsabilità che prevede il rispetto della disciplina nelle manifestazioni sportive a livello agonistico.   Il corso per diventare arbitro è sia teorico che pratico, e prevede una prova di arbitraggio di almeno due partite sotto la supervisione di alcuni istruttori e osservatori, mentre quello per diventare giudice arbitro è prettamente teorico e prevede materie complesse come la giustizia sportiva. L'organizzazione dei corsi, ancora una volta gratuiti, è a carico della FIT, la Federazione Italiana Tennis, quindi la scelta migliore è quella di rivolgersi direttamente al Comitato Regionale della FIT più vicino a noi.

<u>Guadagno : Gli arbitri di calcio sono pagati a partita, e la quota dipende dalla serie calcistica di riferimento: da 30 Euro per una partita di dilettanti aa 3800 Euro per la Serie A. Anche gli arbitri di basket sono pagati a partita, e la quota media si aggira attorno ai 1.000 euro nel caso di un arbitro di serie A e 800 euro nel caso della serie B. Anche per il tennis dipende dal livello della competizione; un arbitro ATP riesce a guadagnare comodamente tra i 1.000 e i 1.500 euro per una settimana di torneo.</u>

◆ ◆ ◆

53. Personal Trainer

Stefano è istruttore di spinning in una palestra multifunzionale facente parte di un grande gruppo specializzato (VirginActive). Mi ha raccontato come è iniziata la sua attività. - Ho fatto diversi lavori nella mia vita, generalmente tutti legati all'immagine e alla fotografia. Ho avuto una attività e sono stato anche dipendente di Mediaset per alcuni anni. La mia passione è sempre stata la bicicletta, per cui, quando nel 1995 dagli Stati Uniti è arrivato lo spinning, ho acquistato una bike per allenarmi durante l'inverno. Come sai dalle nostre parti in inverno è abbastanza freddo, a volte nevica o ghiaccia, per cui è difficile uscire in bici. Ho fatto un corso istruttore online con istruttori americani, e ho iniziato a registrarmi i pezzi musicali adatti alla lezione (ha una durata di 50 minuti circa. Sono pezzi di vario tipo, ciascuno dei quali ha un ritmo preciso, definibile in battiti al minuto. Quindi si passa ad esempio da un pezzo con 80 battiti ad uno con 100, aumentando quindi la frequenza di pedalata. Parallelamente ogni bike ha la possibilità di aumentate l'attrito della pedalata, quindi simulando una salita). Ho iniziato a provare in casa, poi, una volta pronto, ho contattato le palestre specializzate in città. Devo dire che sono stato fortunato, perchè ora tengo almeno due o tre lezioni al giorno quasi tutti i giorni della settimana. Mi diverto, sto in mezzo a gente di tutte le età accomunate dall'interesse per una vita salutistica, e guadagno sufficientemente bene. (Stefano Calvo).

ll background di un personal trainer è interdisciplinare, riguarda la fisiologia, l'anatomia funzionale, la psicologia, la medicina dello sport, l'allenamento e la nutrizione. La sua attività consiste nell'educare il proprio cliente a stili di vita salutari ed a programmare e realizzare allenamenti specifici, tenendo conto delle caratteristiche fisiologiche e psicologiche del trainee. L'attività pratica del Personal Trainer ha un iter : l'intervista iniziale, la valutazione antropometrica e funzionale, l'elaborazione e l'esecuzione di un programma di allenamento personalizzato, il controllo dell'efficacia del lavoro svolto.

In Italia la figura del personal trainer è relativamente recente, i primi personal trainer erano per lo più appassionati del settore, ora ci si affida a personal trainer con formazione universitaria (laurea in scienze motorie - ex ISEF), che prevede l'insegnamento di materie medico-scientifiche, l'anatomia, la biochimica e la fisiologia, la biomeccanica del movimento e i fondamenti della nutrizione.

La formazione in Italia non è regolamentata e non si ha bisogno di specifici requisiti o iscrizione ad apposito albo professionale per essere esercitata, per questo ci sono anche corsi, più o meno di qualità, che avviano alla professione. Nel mondo in crescita delle palestre, che seguono la crescita dell'attenzione nelle società occidentali per l'attività fisica, iniziano ad esserci istruttori specializzati in discipline specifiche, come lo spinning, il pilates, lo yoga dinamico, l'idrobike, solo per citarne alcune.

Lo spinning ad esempio è una disciplina basata su un'attività fisica aerobica in sella ad una cyclette particolare, detta spin bike, accompagnata dalla musica. È stato importato dagli USA nel 1995, dove è nato come preparazione per il ciclismo (in luoghi chiusi).

Avere un istruttore davanti è un aspetto fondamentale, perchè l'istruttore di spinning è grado di gestire i ritmi, accelerando e dettando i tempi, e gestire i vari step che vengono affrontati durante il corso. Non è solo fare cyclette, ma fare un allenamento, spesso con video di fronte e con musica ritmata che invita a seguire i passi. Il ritmo della musica, la resistenza della bicicletta ed eventualmente l'intermittenza delle luci vengono variati per accompagnare le immaginarie variazioni del percorso. Quando si simula un percorso in salita si utilizzano ritmi lenti con un aumento di resistenza della bicicletta, quindi la pedalata risulterà lenta e faticosa; l'opposto avviene simulando una discesa mantenendo comunque una minima resistenza sul volano. L'istruttore guida l'allenamento cercando di ottenere il massimo dagli allievi. Il trainer non è solo un intrattenitore, ma spinge al risultato e spiega la funzione aerobica della pratica.

<u>Guadagno</u> : Lo stipendio base medio mensile di un trainer personale in Italia è di media a 1.350 € al mese. Ma c'è chi arriva anche a 3.000 € mensili.

54. Apicoltore

Il settore della produzione di miele offre grandi opportunità e soddisfazioni economiche: Il consumo di miele e derivati è in forte crescita, specialmente nel nostro Paese.
In Italia gli apicoltori sembrano essere circa cinquantamila, di cui più della metà per l'autoconsumo. Il miele non è l'unico prodotto

che si ottiene, ma in commercio troviamo integratori a base di pappa reale, o al propoli che ha proprietà pari a un potente antibiotico la cera vergine d'api.

Gli alveari presenti sul territorio nazionale sono circa 1,5 milioni secondo l'Anagrafe Apistica Nazionale (dati del 2018). Il settore apistico – il cui valore è stimato intorno ai due miliardi di euro – è in costante crescita (+5% nel 2017). I consumi di miele sono in costante aumento, ma i cambi climatici, la siccità, i fenomeni naturali, influiscono negativamente sugli sciami e sulle loro attività produttive. Le api sono insetti delicatissimi che svolgono un ruolo fondamentale nel nostro ecosistema.
Ciò ha portato, negli ultimi anni a una drastica riduzione della produzione. Secondo la Coldiretti, si è passati da venti milioni di chili del 2016 a poco più della metà dell'anno successivo. In Italia abbiamo una ampissima varietà climatico-vegetazionale e apicoltori con professionalità che hanno sviluppato metodologie e tecniche. Anche per la produzione del miele, infatti, il Made In Italy è ormai garanzia di qualità.

Fare l'apicoltore richiede una formazione specifica, conoscere le normative e quali permessi e autorizzazioni sono necessari per svolgere l'attività. Conoscere la procedura HACCP - un insieme di procedure che garantiscono la salubrità dei cibi grazie alla corretta conservazione degli stessi e ad accurate misure di prevenzione della contaminazione degli alimenti in tutte le fasi della preparazione.

Occorrerà conoscere tutto sulle api: dal ciclo di vita alla riproduzione; dalle abitudini al comportamento; i rischi che corrono le api soprattutto a livello ambientale per una cattiva gestione o per l'uso errato di pesticidi.
Numerose sono le Associazioni presenti sul territorio nazionale che formano nuovi apicoltori con corsi base .
Ci potrebbe essere la possibilità di farsi finanziare dalla CEE (dalla formazione all'acquisto dei materiali etc..), ma per far ciò l'attività deve essere in compartecipazione al 50% con l'amministrazione

nazionale competente. Esistono inoltre incentivi e agevolazioni anche a livello di Comuni o Regioni per chi avvia un'attività di tipo agricolo.

Le api sono insetti protetti – non solo perché produttrici di miele – e fondamentali per mantenere la biodiversità, è necessario dunque tutelarle il più possibile. Purtroppo inquinamento, cambiamenti climatici, uso di pesticidi, stanno mettendo a dura prova la loro vita. La diminuzione degli sciami e delle api regine rappresenta un grosso danno per l'uomo, tanto che si dice che dal giorno in cui spariranno le api dalla terra in cinque anni ci sarà l'estinzione del genere umano.

<u>Guadagno : Per poter avviare l'attività occorre predisporre un investimento iniziale. Gli introiti deriveranno dalla produzione e vendita di miele biologico , dalla vendita del servizio di impollinazione entomofila, produzione di veleno d'api, di cera d'api, propoli e pappa reale.</u>
<u>Aziende apistiche, possono ottenere a seconda del tipo di miele prodotto, fatturati anche superiori aa 100.000 € all'anno.</u>
<u>I mieli d'Acacia, Rododendro e Coriandolo sono tra i più pregiati, con prezzi che arrivano anche sui 14 EUR/kg (8 EUR per 500g).</u>

◆ ◆ ◆

CAPITOLO TRE
- AFORISMI

- Migliaia di uomini di genio vivono e muoiono senza essere scoperti: o da se stessi o dagli altri. (Mark Twain)

- Rispetta te stesso e gli altri ti rispetteranno. (Confucio)

- Se avete fiducia in voi stessi, ispirate fiducia agli altri. (Johann Wolfgang Goethe)

- La stima di sé è il contenuto più profondo della vita umana. (Sándor Márai)

- Mi chiedi qual è stato il mio più grande progresso? Ho cominciato a essere amico di me stesso (Seneca)

- Chi crede in se stesso non ha bisogno di convincere gli altri. (Lao Tzu)

- Credi in te stesso e se all'inizio non ci riesci, fingi, così ad un certo punto ti verrà automatico. (Venus Williams)

- Se non credi in te stesso, nessuno lo farà per te. (Kobe Bryant)

- Sembra sempre impossibile finché non viene fatto. (Nelson Mandela)

- Non ti chiedo di credere negli altri. Quello è solo il risultato di una mancanza di fiducia in se stessi. (Osho)

- Agisci come se quel che fai, facesse la differenza. La fa. (William James)

- Che tu pensi di farcela o di non farcela, avrai ragione comunque. (Henry Ford)

- Sii sempre la versione migliore di te stesso e non la brutta copia di qualcun altro. (Judy Garland)

- Più ti piaci, meno sei come qualcun altro, che è ciò che ti rende unico. (Walt Disney)

- Il pessimismo non ha mai vinto alcuna battaglia. (Dwight D. Eisenhower)

- Dentro di te c'è già il meglio. Sei più forte, intelligente, capace di quanto gli altri possano solo lontanamente immaginare. (FT)

- Quando perdo la fiducia in me stesso, l'universo cospira contro di me. (Ralph Waldo Emerson)

- Non c'è alcun fallimento se non quello di smettere di provare. (Elbert Hubbard)

- Quello che non mi uccide, mi fortifica. (Friedrich Nietzsche)

- Mai provato. Mai fallito. Non importa. Riprova. Fallo di nuovo. Fallisci meglio. (Samuel Beckett)

- La peggior solitudine è non essere a tuo agio con te stesso. (Mark Twain)

- Quello che gli altri pensano di te è problema loro. (Charlie Chaplin)

- Niente e nessuno può farti sentire inferiore, a meno che tu non glielo consenta. (Eleanor Roosevelt)

- Possiamo ottenere l'approvazione degli altri, se agiamo bene e ci mettiamo d'impegno nello scopo; ma la nostra stessa approvazione vale mille volte di più (Mark Twain)

- Credi in te stesso e in tutto ciò che sei. Sappi che c'è qualcosa dentro di te che è più grande di qualsiasi ostacolo (Christian D. Larson)

- Lavorare sodo è importante. Ma c'è qualcosa che conta ancora di più, credere in se stessi. (Daniel Radcliffe)

- Dubitate di tutto, ma non dubitate mai di voi stessi. (André Gide)

- Una delle più grandi sfide della vita è essere se stessi e non cercare di emulare gli altri. Ci sarà sempre qualcuno più bello, più intelligente, qualcuno più giovane, ma non sarai mai tu. Non cambiare per essere amato, sii te stesso e le persone giuste ti ameranno per quello che sei. (Rita Levi Montalcini)

- La vita non è facile per nessuno di noi. E allora? Dobbiamo perseverare e soprattutto avere fiducia in noi stessi. Dobbiamo credere che siamo dotati per qualcosa, e che questa cosa deve essere raggiunta a qualsiasi costo. (Marie Curie)

- Credi in te stesso. Gli unici ad apprezzare uno zerbino sono quelli con le scarpe sporche. (Leo Buscaglia)

- Amare se stessi è l'inizio di un idillio che dura tutta la vita. (Oscar Wilde)

- Non essere preoccupato se non sei apprezzato dagli altri. Preoccupati solamente se sei tu a non apprezzare te stesso. (Confucio)

- Nel momento in cui sei felice di essere semplicemente te stesso e non fai paragoni e smetti di competere, avrai il rispetto di tutti. (Lao Tzu)

- Uno dei più grandi rimpianti nella vita è essere ciò che gli altri vogliono che tu sia, piuttosto che essere te stesso. (Shannon L. Alder)

- Solo chi osa fallire molto, può raggiungere grandi risultati. (Robert F. Kennedy)

- Nella vita, non è dove vai, è con chi viaggi. (Charles Schulz)

- La vita è troppo breve per sprecarla a realizzare i sogni degli altri. (Oscar Wilde)

- Non appena avrai fiducia in te stesso, saprai come vivere. (Johann Wolfgang Goethe)

- Chi si rispetta sa come farsi rispettare, chi si stima sa come farsi stimare. (Proverbio cinese)

- Tutti i poteri dell'universo sono già dentro di voi. Siete voi che vi siete coperti gli occhi con le vostre mani. Vi lamentate che è buio. Siate consapevoli che intorno a voi non ci sono tenebre. Togliete le mani dai vostri vostri occhi e apparirà la luce, che era lì da un'eternità. (Swami Vivekananda)

- I campioni non si costruiscono in palestra. Si costruiscono dall'interno, partendo da qualcosa che hanno nel profondo: un desiderio, un sogno, una visione. Devono avere l'abilità e la volontà. Ma la volontà deve essere più forte dell'abilità. (Muhammad Ali)

- Se vuoi essere rispettato dagli altri, la cosa migliore è rispettare te stesso. Solo così, solo con l'amor proprio costringerai gli altri a rispettarti. (Fëdor Dostoevskij)

- Sii te stesso e di' quel che pensi: chi se la prende non conta e chi conta non se la prende. (Theodor Seuss Geisel)

- La vera autostima è quella che nutriamo per noi stessi quando qualcosa va storto. (Nathaniel Branden)

- Non sprecare le tue energie cercando di far cambiare opinione... fai le tue cose, e non curarti se agli altri non piacciono. (Tina Fey)

- Non puoi battere la persona che non molla. (Babe Ruth)

- La nostra più grande gloria non è quella di non cadere mai, ma di innalzarci ogni volta che cadiamo. (Confucio)

- In mezzo a ogni difficoltà si trova una opportunità. (A. Einstein)

- Sei più coraggioso di quanto credi, più forte di quanto sembri, e più intelligente di quanto pensi. (A. A. Milne)

- Voler essere qualcun altro è uno spreco della persona che sei. (Marilyn Monroe)

- Per essere un campione devi credere in te stesso quando nessun altro lo farà. (Sugar Ray Robinson)

- Non lasciare che il rumore delle opinioni altrui soffochi la tua voce interiore. (Steve Jobs)

- La magia è credere in noi stessi. Se riusciamo a farlo, allora possiamo far accadere qualsiasi cosa. (Johann Wolfgang Goethe)

- Incontrerai sempre persone che cercheranno di sminuire i tuoi successi. Cerca di non essere tu il primo a farlo. (Michael Crichton)

- Credere in se stessi è uno dei mattoni più importanti nella costruzione di ogni impresa di successo. (Lydia Maria Child)

- Avere scarsa autostima è come percorrere la strada della vita con il freno a mano tirato. (Maxwell Maltz)

- Impara a piacere a te stesso. Quello che pensi tu di te stesso è molto più importante di quello che gli altri pensano di te. (Seneca)

- Le persone più belle che ho conosciuto sono quelle che hanno subito sconfitte, conosciuto la sofferenza, conosciuto la lotta e la perdita, ed hanno trovato la loro strada dalle profondità.

Queste persone hanno un apprezzamento, una sensibilità ed una comprensione della vita che li riempie di compassione, gentilezza e profondo amore. (Elizabeth Kubler-Ross)

- La vita è una serie di lezioni che deve essere vissuta per essere compresa. (Ralph Waldo Emerson)

- La vita ci è stata data per essere spesa, non risparmiata. (D. H. Lawrence)

- La grande lezione della vita è di non essere mai spaventato da qualcuno o qualcosa. (Frank Sinatra)

- La nostra paura maggiore non è di essere inadeguati. La nostra paura maggiore è di essere potenti oltre misura. E' la nostra luce, non la nostra zona d'ombra, a spaventarci di più. Chiediamo a noi stessi: "chi sono io per essere brillante, affascinante, dotato di talento e straordinario?". Invece, chi siete per non esserlo? Siete figli di Dio, sminuendovi non rendete un servizio al mondo….. E quando lasciamo splendere la nostra luce, inconsciamente diamo agli altri il permesso di fare lo stesso. Quando ci liberiamo delle nostre paure, la nostra presenza rende liberi automaticamente coloro che ci circondano. (Nelson Mandela)

- L'unico consiglio che mi sento di dare - e che regolarmente do - ai giovani è questo: combattete per quello in cui credete. Perderete, come le ho perse io, tutte le battaglie. Ma solo una potrete vincerne. Quella che s'ingaggia ogni mattina, davanti allo specchio. (Indro Montanelli)

- Ogni mattina, quando apro i miei occhi dico a me stesso: solo io, non gli eventi, ho il potere di rendermi felice o infelice oggi. (Groucho Marx)

- Una cosa accade soltanto se ci credi davvero, ed è crederci che la fa accadere. (Frank Lloyd Wright)

- Qualunque cosa la mente possa concepire e credere, la può raggiungere. (Napoleon Hill)

- Più ti piaci, meno sei come qualcun altro, che è ciò che ti rende unico. (Walt Disney)

- Ti diranno sempre che non puoi fare quello che vuoi, ma lo puoi fare. Devi solo credere in te stesso. Il sistema ti spinge verso il basso, ma tu puoi rialzarti. (Bob Marley)

- Qualunque cosa tu faccia, hai bisogno di coraggio. Qualunque scelta tu faccia, ci sarà sempre qualcuno a dirti che hai sbagliato. Ci sono sempre difficoltà che ti spingono a credere che chi ti critica abbia ragione. Per fare una scelta e seguirla fino alla fine ci vuole un po' dello stesso coraggio di cui ha bisogno un soldato. La pace ha le sue vittorie, ma ci vogliono uomini e donne coraggiosi per guadagnarsela. (Ralph Waldo Emerson)

- Mai nulla di splendido è stato realizzato se non da chi ha osato credere che dentro di sé ci fosse qualcosa di più grande delle circostanze. (Bruce Barton)

- La tua situazione attuale non determina dove puoi andare; determina semplicemente da dove inizi. (Nido Qubein)

- Bisogna volere l'impossibile, affinché l'impossibile accada. (Eraclito)

- Tutti abbiamo un nostro talento personale, un dono unico. E' il nostro privilegio ed avventura svelare la nostra luce speciale. (Mary Dunbar)

- Non chinare mai la testa. Tienila sempre alta. Guarda il mondo dritto negli occhi. (Helen Keller)

- La differenza tra un uomo forte e uno debole è che il primo non si arrende dopo una sconfitta. (Woodrow Wilson)

- La vita è come una scatola piena di cioccolatini; non sai mai cosa otterrai. (Forrest Gump)

- Devi aspettarti grandi cose da te stesso, prima ancora di farle. (Michael Jordan)

- Il compito principale nella vita di ognuno è dare luce a se stesso. (Erich Fromm)

- Non desiderare di essere nient'altro che te stesso, e cerca di esserlo perfettamente.(Francesco di Sales)

- Finché guardi agli altri per provare chi sei e cerchi la loro approvazione, stai impostando la tua vita in modo disastroso. Devi essere completo da solo. Nessuno può darti questo. Devi sapere tu chi sei. Ciò che gli altri dicono è irrilevante. (Nic Sheff)

- Laggiù, nella luce del sole, ci sono le mie più alte aspirazioni. Potrei non raggiungerle, ma posso guardare in alto e vedere la loro bellezza, credere in loro e provare a seguirle fin dove conducono. (Louisa May Alcott)

- Quando sei contento di essere semplicemente te stesso e non fai confronti e non competi, tutti ti rispetteranno." (Lao Tse)

- Lo scopo della vita è l'autosviluppo. Sviluppare pienamente la nostra individualità, ecco la missione che ciascuno di noi deve compiere. (Oscar Wilde)

- Getta via la paura, conta sulle tue risorse interne, abbi fiducia nella vita ed essa ti ricompenserà. Tu puoi più di quanto tu creda. (Ralph Waldo Emerson)

- Più dentro puoi guardare, più lontano sarai in grado di vedere. (Winston Churchill)

- Cercare di dare un senso alla propria vita ha senso! Cercare di trovare un senso alla propria vita nella vita degli altri non ha senso. Pensare, poi, di dare senso alla vita degli altri, beh è insensato senza senso! (Ada Ferrante)

- Credi in te stesso. Diventa il tipo di persona che sarà felice di vivere per tutta la tua vita. (Golda Meir)

- Le persone non devono credere in te perché tu possa avere successo. Basta lavorare sodo, quando ci riuscirai, ci crederanno. (Stephen Keshi)

- Quando accontenti gli altri con la speranza di essere accettato, perdi la tua autostima. (Dave Pelzer)

- I vincenti non mollano mai e chi molla non vince mai. (Vince Lombardi)

- La determinatezza nello scopo è il punto di partenza di tutte le conquiste. (W. Clement Stone)

- Una persona di successo crede nelle proprie capacità e nella realizzazione del suo desiderio e, senza farsi scoraggiare da piccole difficoltà, passi falsi ed errori, continua a perseguire il suo obiettivo, credendo costantemente di raggiungerlo. (William Walker Atkinson)

- Goditi le piccole cose della vita, perché un giorno potresti guardarti indietro e scoprire che erano le cose grandi. (Robert Breault)

- Esiste un solo tipo di successo: quello di fare della propria vita ciò che si desidera. (H. D. Thoreau)

- Le avversità spesso preparano le persone ordinarie per uno straordinario destino. (C.S. Lewis)

- La sopravvivenza può essere riassunta in tre parole: non arrenderti mai. Questo è il cuore, davvero. Continua a provare. (Bear Grylls)

- Stai criticando te stessa da anni e non ha funzionato. Prova ad approvare te stessa e vedi cosa succede. (Louise L. Hay)

- l fiore che sboccia nelle avversità è il più raro e il più bello di tutti. (dal film Mulan)

- Ricorda sempre che non solo hai il diritto di essere un individuo, hai l'obbligo di esserlo. (Eleanor Roosevelt)

- Le cose che mi rendono diverso sono le cose che mi rendono me stesso. (A. A. Milne)

- L'unica persona che sei destinato a diventare è la persona che decidi di essere. (Ralph Waldo Emerson)

- Ho il coraggio di sbagliare. (Georg Wilhelm Friedrich Hegel)

- Niente al mondo può sostituire la tenacia. Il talento non può farlo: non c'è niente di più comune di uomini pieni di talento ma privi di successo. Il genio non può farlo: il genio incompreso è quasi proverbiale. L'istruzione non può farlo: il mondo è pieno di falliti istruiti. La tenacia e la determinazione invece sono onnipotenti. (Calvin Coolidge)

- Grandi errori: vantarsi più di quel che si è e credersi meno di quel che si vale.(Johann Wolfgang Goethe)

- La classe è un'aureola di fiducia che deriva dall'essere sicuri senza essere presuntuosi. La classe non ha nulla a che vedere col denaro. La classe non viene mai intimorita. È autodisciplina e conoscenza di se stessi. È la sicura padronanza di sé che viene dall'aver dimostrato che puoi affrontare la vita. (Ann Landers)

- Osa diventare ciò che sei. E non disarmarti facilmente. Ci sono meravigliose opportunità in ogni essere. Persuaditi della tua forza e della tua gioventù. Continua a ripetere incessantemente: "Non spetta che a me". (Andrè Gide)

- Solo quando sei consapevole della unicità di ciascun individuo inizierai ad avere un senso del tuo proprio valore. (Ma Jian)

- Goditi potere e bellezza della tua gioventù. Non ci pensare. Il potere di bellezza e gioventù lo capirai solo una volta appassite. Ma credimi, tra vent'anni guarderai quelle tue vecchie foto e in un modo che non puoi immaginare adesso.   Quante possibilità avevi di fronte e che aspetto magnifico avevi.   Non eri per niente grasso come ti sembrava.

Non preoccuparti del futuro. Oppure preoccupati, ma sapendo

che questo ti aiuta quanto masticare un chewing-gum per risolvere un'equazione algebrica. I veri problemi della vita saranno sicuramente cose che non ti erano mai passate per la mente. Di quelle che ti pigliano di sorpresa alle quattro di un pigro martedì pomeriggio.

Fa' una cosa, ogni giorno che sei spaventato. Canta.

Non essere crudele col cuore degli altri. Non tollerare la gente che è crudele col tuo.

Non perder tempo con l'invidia. A volte sei in testa. A volte resti indietro. La corsa è lunga e alla fine è solo con te stesso.

Ricorda i complimenti che ricevi, scordati gli insulti. Se ci riesci veramente, dimmi come si fa.

Conserva tutte le vecchie lettere d'amore, butta i vecchi estratti conto.

Rilassati.

Non sentirti in colpa se non sai cosa vuoi fare della tua vita. Le persone più interessanti che conosco, a ventidue anni non sapevano che fare della loro vita. I quarantenni più interessanti che conosco, ancora non lo sanno.

Forse ti sposerai o forse no. Forse avrai figli o forse no. Forse divorzierai a quarant'anni. Forse ballerai con lei al settantacinquesimo anniversario di matrimonio. Comunque vada, non congratularti troppo con te stesso, ma non rimproverarti neanche. Le tue scelte sono scommesse. Come quelle di chiunque altro.

Goditi il tuo corpo. Usalo in tutti i modi che puoi. Senza paura e senza temere quel che pensa la gente. È il più grande strumento che potrai mai avere.

Balla. Anche se il solo posto che hai per farlo è il tuo soggiorno.

Leggi le istruzioni, anche se poi non le seguirai.

Non leggere le riviste di bellezza. Ti faranno solo sentire orrendo.

Cerca di conoscere i tuoi genitori. Non puoi sapere quando se ne andranno per sempre.

Tratta bene i tuoi fratelli. Sono il migliore legame con il passato e quelli che più probabilmente avranno cura di te in futuro.

Renditi conto che gli amici vanno e vengono. Ma alcuni, i più preziosi, rimarranno.

Datti da fare per colmare le distanze geografiche e gli stili di vita, perché più diventi vecchio, più hai bisogno delle persone che conoscevi da giovane.

Sii cauto nell'accettare consigli, ma sii paziente con chi li dispensa. I consigli sono una forma di nostalgia. Dispensarli è un modo di ripescare il passato dal dimenticatoio, ripulirlo, passare la vernice sulle parti più brutte e riciclarlo per più di quel che valga. (The Big Cahuna)

POSTFAZIONE

Il mondo sta cambiando molto rapidamente e siamo nel pieno della Quarta Rivoluzione industriale, quella digitale. Solamente alcuni anni fa, all'inizio della Pandemia, conosciuta come COVID-19, il nostro modo di relazionarci era diverso, la comunicazione digitale in misura decisamente inferiore.

Il lavoro ha cambiato forma, ed alcune attività aziendali sono diventate online: è stato di fatto sdoganato lo smart working, il lavoro da casa.

Allo stesso tempo ci sono tipi di lavoro che possono essere fatti da qualsiasi località, e sta crescendo il numero di persone che lo fanno scegliendosi un luogo piacevole in cui vivere. Sono in crescita, in Paesi con bassa tassazione ed ottimo clima, i Nomadi Digitali, gli esperti che lavorano come freelance sul web offrendo servizi.

Stanno per contro anche tornando in auge lavori artigianali che erano stato portati all'estero, molte produzioni stanno ripartendo, la globalizzazione sta diminuendo, perché i costi del produrre all'estero sono aumentati.

Nelle società occidentali è in atto un fenomeno, conosciuto come Great Resignation, grande dimissione. Un numero inconsueto di persone lascia il lavoro dipendente e si cerca un'occupazione diversa ed autonoma, magari meno remunerata, ma più libera e a misura d'uomo. Il paradigma lavora, guadagna, spendi, non è più attuale, la qualità della vita quotidiana sta assumendo contorni diversi e fondamentali, i valori stanno cambiando.

Parallelamente sta aumentando la lunghezza della vita, ed ancor più il livello della salute ad una certa età. La maggior parte dei sessantenni si sentono ancora giovani perché fisicamente e mentalmente ancora lo sono. Molti sono anche impreparati ad andare in pensione da un giorno all'altro, e preferirebbero un pensionamento graduale.

C'è anche chi, come tutti coloro che hanno fatto un'attività autonoma, le cosiddette Partite IVA, per un sistema pensionistico italiano che non dà tutele sufficienti, come nel caso del lavoro dipendente, si trovano ad avere pensioni minime non corrispondenti al tenore di vita che hanno avuto nella vita lavorativa. E quindi preferiscono proseguire a lavorare, anche in formato part time, sia per integrare che per occupare del tempo in maniera piacevole.

E' vero, l'aspetto negativo è che non è facile trovare lavoro da dipendente soprattutto se sei avanti negli anni, ma l'aspetto positivo è che ora sta cambiando il mondo del lavoro, e molte attività possono essere fatte online, e molti lavori artigiani stanno rifiorendo.

Ora, dato che ognuno di noi ha maturato nel corso della vita delle esperienze, siano esse basate su una conoscenza formativa scolastica o su tanti anni di lavoro, o ancor meglio sull'approfondimento delle proprie passioni, è fondamentale sviluppare una nuova ricerca di lavoro con una bussola interiore che può dare una direzione. L'esperienza accumulata consente di aggiornarsi rapidamente in campi che possono sembrare mondi a parte, rispetto a come si ha impiegato lavorando una parte della propria vita.

Non bisogna credere a chi dice che non si può cambiare. Non è mai troppo tardi finché si vive.

Cosa ti è piaciuto nei lavori e nelle esperienze lavorative del tuo passato? Quali sono i passatempi che ti appassionano, anche quelli che ti hanno entusiasmato da bambino?

La risposta a queste domande è il primo passo, ma dopo aver messo tutto nero su bianco e senza paura bisogna iniziare un progetto.

Con ottimismo, avendo un approccio positivo, perché gli ostacoli ci sono ma possono essere superati.

Promuoversi senza paura. Con gli amici, con tutti i contatti. Creare una presentazione web e aggiornarla regolarmente.

Se si fai una cosa che si ama, e si utilizza il tempo con piacere, arrivano anche i risultati.

Creare valore aggiunto: le capacità e il talento che ciascuno ha in più, se si impegna. Con coraggio e "grinta".

Momenti difficile nella vita si incontrano, ma come si dice, **si chiude una porta e si apre un Portone.**

Infine e sempre resilienza, capacità di resistere di fronte alle avversità. **Barcollo ma non mollo.**

BIBLIOGRAFIA

INTRODUZIONE

(1) EU Commission : "Regional Aspects of Ageing and Demographic Change",

(2) Antony Klotz, Mays Business School, Texs A&M University
(3) Zygmunt Bauman - Modernità Liquida (2011) - Ed. Laterza
(4) Zaid Khan : Quiet Quitting (newyorker.com)
(5) YOLO. (wikipedia.org/wiki/YOLO)
(6) MC Kinsey : Motivazioni great resignation (https://www.mckinsey.com/featured-insights/themes/how-to-improve-the-employee-experience)
(7) Susan Golden," Stage (Not Age) How to Understand and Serve People Over 60 – The Fastest Growing, Most Dynamic Market in the World",
(8) Economist (https://www.economist.com/weeklyedition/2017-01-14)
(9) Ocse Pensions at a glance 2021 (https://www.osce.org/it)
(10) Marc Freedman - (encore.org)
(11) World Economic Forum (https://www3.weforum.org/docs/WEF_Future_of_Jobs_2023.pdf)

CAPITOLO UNO

(1) Ozan Varol - (fastcompany.com)

(2) Joanne Lipman (Next! The Power of Reinvention in Life and Work) Amazon

(3) "overloading information" Bertram Gross -The Managing of Organizations 1964

(4) Alvin Toffler _ Future Shock - 1970

(5) Massimo Polidoro, "Geniale" Feltrinelli 2022

(6) Carl Jung - "Dictionary of Analytical Psychology" 1921

(7) Marc Freedman - (encore.org)

(8) INSERM - (https://www.inserm.fr/en/home/)

(9) (https://www.nber.org)

(10) Claudia Goldin e Lawrence Katz (The Race between Education and Technology) Harvard 2009

(11) Pew Research Center (https://www.pewresearch.org/)

(12) Human Interest (https://humaninterest.com/)

CAPITOLO 2

(1) *Sole 24ore - 15/10/22*

(2) David Zonta - info@davidzonta.com

(3) W.Timothy Gallwey - The Inner Game of Tennis 1974

(4) John Whitmore - Coaching 2002

(5) Orsola Ciriello Kogan - (https://ockstyle.com/)

ABOUT THE AUTHOR

Fabio Tartarini

Fabio Tartarini è docente di digital marketing, consulente aziendale di export management e coach (sia in ambito aziendale che sportivo, collaborando con Aziende e Associazioni per il miglioramento delle performances).

Dopo la Laurea in Economia e la specializzazzione in Marketing ha ricoperto posizioni di direzione commerciale ed aziendale.

E' stato imprenditore nel settore moda, in Italia e Spagna, dove vive.

KEEP TASTING LIFE